ホンモノの文章力

樋口裕一
Higuchi Yuichi

a pilot of wisdom

はじめに

私は長い間、予備校や通信添削によって、大学受験生の小論文指導を行ってきた。大学受験生対象の参考書も多数執筆してきた。小論文・作文の参考書だけで三〇冊を超えている。

そうした指導をしながら気づくのは、文章を書くことがしばしば能力開発に結びつくという事実だ。もちろん、なかなか力のつかない生徒もいる。が、めきめき力をつける生徒も多い。そして、文章を書けるようになった生徒たちは、小論文が得意になるだけでなく、国語の成績も上がっていく。それどころか、英語も社会も力を伸ばしていく。つまり、文章を書くことが引き金になって思考力がつき、社会や人間を見る目を養っていく。

大学生のふがいなさが問題になる時代だというのに、久しぶりに会った教え子がしっかりと勉強していることに頼もしさを感じることも多い。そして、大学生になったり、社会人になったりした教え子たちが決まって言ってくれるのが、「おかげで、大学のレポートに苦労しない」

「受験勉強をしたつもりだったのに、それ以上のものが得られた」ということだ。そして、彼らの学問や社会や芸術についての鋭い意見に目を見張ることも多い。

私は、そのような経験をするごとに、教師冥利《みょうり》につきる思いがし、同時に文章力こそが思考力のエッセンスだという信念を確認するのだ。

これからますます知性が求められる時代になる。かつてのように言われたことをそのまま実行していればいい時代ではない。自分で考え、自分で疑問を見つけ、自分で分析し判断することが求められるようになっている。若者はもちろん、壮年の人々も、もっと文章を書く力を養うべきなのだ。

ところが、そのわりに、文章を書くことが軽視されていると言えないだろうか。大学受験生の間では、文章を書くことの大事さがやっと認識され始めてはいるが、小学校でも中学校でも作文教育が行われることは少ない。とりわけ社会人になると、文章を学ぶ機会は皆無と言っていいだろう。

もちろん、文章術の本は何冊も出ている。大作家の書いた文章読本が読み継がれている。私はもちろんそれらの文章読本を否定するつもりはない。だが、それらがほんとうに役に立つかというと、疑問を感じざるをえない。直接的に役に立つことをめざす受験参考書をたくさん書いてきた人間から見ると、これらは実践性があまりに欠けているのだ。そこには、すぐに役に立つテクニックが書かれていない。

私は、受験生を指導するとき、受験テクニックに徹する。生徒の目的はただ一つ、合格点の取れる文章を書けるようになることだ。だから、私はそれをかなえる努力をする。もちろん、私は前に述べたとおり、小論文や作文こそ受験科目のなかでもっともホンモノの力を養うことができる科目だと信じている。そして、心の奥では、受験技術だけを教えているわけではないという自負を持っている。

だが、そのようなことは口にしない。「こうすれば、良い点が取れる」「こうすれば、採点者の目を引く」「こうすれば、力がなくても力があるように見せられる」と教える。時々、私の真意をわかってくれない「真面目」な小論文指導者からも、時には生徒からも、「受験技術ばかりを教えている」とお叱りを受けるほどだ。

だが、私はこうして、受験生が受験テクニックを身につけようとしているうちに、いつのまにか単なる受験テクニックではない、ホンモノの思考力、ホンモノの文章力をつけている、ということをもくろんでいるのだ。思い出していただきたい。今、大人が身につけているほとんどのことは、「将来、立派な大人になるために必要だ」などと思って身につけたものではないはずだ。目先のテストでなんとか合格点が取れるように、恥ずかしい思いをしなくて済むように、と思って勉強した結果、いつのまにか力がつき、その科目に興味を持って勉強してきたものなのだ。

本書で、私がめざすのは、徹底的に実践的で戦略的な文章術だ。ここでは、「ホンモノ」の力をつけることは、とりあえずめざさない。テクニックとして、手軽に高い評価を得られる文章をめざす。そして、楽しんで邪道のテクニックを身につけているうちに、ホンモノの文章力がついている、そんな学習法をめざす。

なお、本書は、これまで様々な参考書で書いてきたことを、できるだけわかりやすい形で一冊の一般書としてまとめたものだ。また、本書に参加しながら、まさしく実戦力を身につけてもらうために練習問題をたくさんつけた。

できるだけ多くの方が、本書を手がかりにして、「邪道」のテクニックを身につけ、文章を楽しみ、いつのまにか文章の達人になってくださることを祈る。

目次

第一章　「文は人なり」にもの申す

■「文は人なり」という常識

「文は人なり」と、よく言われる。

これは、一八世紀フランスの博物学者ビュフォンのアカデミーへの入会演説のなかの「文体は人間そのものである」le style est l'homme même. という文に由来する言葉だ。もともとは、「文章の内容は普遍的であるが、文体については書いた人間そのものだ」といったほどの意味なのだが、現在ではもっぱら、「文章は、それを書いた人の本当の姿を表す。だから、文を見ただけで、それを書いたのがどんな人かわかる」という意味で使われているようだ。そして、この言葉は文章を書いたり読んだりするときの、いわば「常識」となっていると言っていいだろう。

私は何も、この「常識」に楯突《たてつ》くつもりはない。確かに、この言葉は正しい。文章を読むと、書いた人の思想・信条がにじみ出る。性格も出る。時には、文がその人が話をするのと同じような息づかいを示して、ぬくもりや悲しみを伝えることもある。そうしたところにこそ、文章というものの本質があるのも事実だ。

文学の楽しみの一つも、そういった点にあると言っていいだろう。たとえば、梶井基次郎の短篇など、ストーリーらしいストーリーはないが、多くの読者はその文体に潜む作者の感性や世界観に共感する。梶井基次郎だけではない。三島由紀夫も大江健三郎もドストエフスキーもプルーストも、ストーリーを楽しむ以上に、文体に表れる「人間」を感じとって、そこに魅力を発見するのだ。

いや、そもそも、大学入試や入社試験などで、文章を書かせる問題を出して、その人物を判断しようとするのも、書いた人の人柄や考え方が文章に表れるからにほかならない。

とはいえ、私は「文は人なり」という考えが重視されすぎている現在の状況には大いに疑問を持っている。少なくとも、日本では、「文は人なり」という考えが広まりすぎて、文章が歪んで考えられているのではないかと思うのだ。

■「文は人なり」の二つの問題点

「文は人なり」という常識には、次の二つの問題点があると言えそうだ。

第一の問題点は、ほんとうに文章だけでその人がわかるわけではないということだ。

私は大学受験小論文・作文の通信添削塾を主宰している。主として大学受験をめざす生徒の小論文を大量に読んで添削する。

生徒の文章を読む場合、文字の丁寧さや文章の内容から、私は書いた人間の人物像を無意識的に思い浮かべる。そして、「生意気そうだから、ここはひとつガツンと叱っておいて、やる気を出させよう」「気が弱そうな生徒だから、おだてておこう」といったテクニックを用いてアドバイスする。ところが、その「読み」が時にはずれる。文面から判断して生意気だとばかり思っていた生徒が、傷つきやすい生徒で、私のアドバイスに対して、「なにくそ」と思ってくれるどころか、めげてしまうことはしばしばある。そういう場合は、後で生徒を慰めるのに苦労する。

大学に合格した生徒が入学後、挨拶に来てくれることもある。そのとき、それまで文章を通してしか知らなかった生徒を初めて目の当たりにすることになるが、そこでも、しばしば予想を覆される。

一度など、いつも反体制的で文学的なことを書く女の子で、早稲田の第一文学部に合格したというので、厚化粧でもしていそうなひねた文学少女だとばかり思っていたら、現れたのは、まるで中学生のような真面目な女の子だったので驚いたことがある。そして、話をしてみると、書いていた文章からは想像もつかない素直なことを言うので、またも驚いた。

とりわけ若者の場合、文章を書く際に他人の思想の受け売りになりやすい。読みかじったこと、聞きかじったことを、あるいは、国語の試験問題で読んで知ったことをちょっとした思いつきで書いてしまう。そうしたことがたとえばニーチェの思想だったりすると、過激で傲慢な文章になりかねない。「文は人なり」ということを信じてしまうと、大いに誤解することになってしまう。

いや、そもそも文章を読んだだけで、その人物を理解することなど、どだい無理なのだ。いや、文章だろうと何だろうと、何かによってその人物の本質を理解した気になること自体、無理があると思われる。

だが、もう一つの問題点のほうが、もっと重大だ。

それは、「文は人なり」と考えて、まるで文章を人生の結果の表れであるかのようにみなすと、文章を書く楽しみを奪ってしまいかねないことだ。

日本では、「スポーツを通して、人生を学び、人作りをする」と考える人が多い。スポーツと人生が重ね合わせて考えられている。だから、野球の監督が人生論を語ったり、野球チームが企業となぞらえられたりする。だが、そうなると、スポーツの楽しみ、スポーツの醍醐味が忘れられてしまう。それと同じことが文章にも言えそうだ。「文は人なり」ということを強調して、文章を人生の結果とみなすと、文章を通して他人の人生を判断しようという方向に進んでしまう。文章を工夫することを罪悪とみなし、ありのままの自分を示すのが文章だという思い込みを育ててしまう。

これこそ、「文は人なり」という考え方の最大の欠点と言えるだろう。

■「文は人なり」の理念とは？

おそらく、読者諸氏のほとんどが、小学校・中学校時代、作文を書かされた経験をお持ちだろう。そして、その際、「ほんとうにあったことや自分のほんとうの気持ちをありのままに書け」「飾らずに自分の言葉で書け」と習ってきたことを覚えておられるだろう。日本の作文教育において、何よりも、内容的に嘘をつかないこと、自分らしい言葉で綴《つづ》ることが求められてきた。作り話や小説の真似などは論外、背伸びせず、工夫もせずに、現在の自分を表現することが求められてきた。

そうしたことは、先に示した「文は人なり」という考えが文章を書く楽しみを奪ったがゆえの結果と言えるだろう。「文は人なり」と考えるから、ありのままの自分を出すことが文章に求められる。文章が、人生の一つの結果とみなされるわけだ。

ここには、戦前からの「生活綴方」運動の影響があったと言えるだろう。生活綴方は、一九三〇年代から小砂丘忠義《ささおかただよし》らによって全国に広まった生活に根づいた作文教育であり、成田忠久《なりたちゅうきゅう》の「北方教育」、無着成恭《むちゃくせいきょう》の「山びこ学校」などに受け継がれた。いずれも貧しい自分たちの生活をしっかりと見つめなおして、自分の言葉で生活を、そして自分の考えを文章化することを目的とする。

こうすることで、当時の貧しい子どもたちは、文章を書くという自己表現の手段を手に入れて、生活を客観視できるようになった。地についた自分の意見を持つようになった。そして、国家による近代化が農村にまで定着し、西洋からの借りものであった数々の思想や制度を国民が自分のものにできたのだ。おそらく、この運動のおかげで、権利や義務、自由という考えが農村部にまでかなり広がったと考えていいだろう。そして同時に、農民が自意識を持って権力を監視できるまでに成長するためのこやしにもなったことだろう。日本に民主化を定着させるのに大きな力があったことは言うまでもない。

したがって、生活綴方運動の歴史的役割は高く評価するべきだろう。だが、そうした考え方が、今もまだ続き、あいかわらず「ありのままに書け」「自分の言葉で書け」と指導している状況には、問題があると言えないだろうか。

■「ありのままに書け」の欺瞞

まず、「ありのままに書け」という現在の文章理念そのものが不可能なのだ。

書く、ということは、現実の一部を主観によって切り取り、脚色することだ。もし、ありのままに書いていたら、起きてから寝るまで、起こったことや考えたことの何から何まで書かなくてはいけなくなる。そんなことができるはずがない。ある特定の現実を選ぶということは、すでにそれだけで、ある事柄を誇張し、おもしろくする、ということでもある。書くからには、必ず、主観によって歪める必要がある。

それに、「自分の考えていることを素直に書け」というのも難しい。何か文章を書こうとする前には、ほとんどの人は、その題材について少しも考えたりはしていないのだ。題材を与えられて、やっとその問題について考え始める。大学や会社でレポートを書くように促されたり、試験場で課題を出されたりして、その問題に真剣に取り組み始めるのが、むしろ現代では普通の行為だ。こうして、ああだこうだと題材をいじり、考え、時には取材をして、問題について思索を深める。一般にどのように捉えられているかを検討し、そこに自分らしさをつけ加えようとする。

つまり、題材を与えられる前には、実は考えというものには形はないのだ。むしろ、書こうとすることによって、自分の感想がはっきりしてくる。だから、「自分の考えを素直に書け」ではなく、「書くことによって自分の考えを作り出せ」と言うほうが、書くという行為にふさわしい。「書く」と「考える」を別のこととみなし、「考えた結果を書く」とみなすよりは、「書く行為＝考えること」とみなすほうが、現実に近いのではあるまいか。

そればかりではない。書いている最中にも、一つの接続詞をつい使ってしまったために、その後の文章が、それまで書こうとしたことと違った方向に進んでしまったという経験をほとんどの人が持っているに違いない。夜中、ラブレターめいたものを書こうとして、思ってもみないような熱烈な文章になってしまった、ということもあるだろう。

手さぐりで、少しずつ字を埋めていってこそ、文章ができあがっていく。不定形な、もやもやとしたものを形にする段階で、ある事実を強調したり、誇張したり、脚色をしたりする。そして、だんだんと自分の考えが成り立っていく。それが書くということなのだ。

そうした「書く」という行為の本質を、「ありのままに書け」「自分の考えていることを素直に書け」という理念は無視している。

そして、もう一つ、「ありのままに書く」ことの弊害がある。文章がどうしても、ありきたりで道徳的になってしまうのだ。

つまり、「ありのままに、素直に書け。そうした文章に本当の姿が表れる」という前提の下で書くと、文章が人物を示すための指標になってしまう。つまり、文章が思想調査の材料になってしまう。書くほうもそれを意識して、きれいごとを書いてしまう。「良い子」を演じようとする。その結果、むしろ文章に個性が発揮されなくなってしまう。就職試験が紺のスーツ姿になるのと同じような現象が起こるわけだ。

そもそも、正直に偽らずに書いたとして、どれほど、読むに耐える内容になるか、あやしいものだ。人に読んでもらうのだから、ありきたりのものではない点がほしい。「へえ、そうだったのか」「なるほど、こんな見方があるのか」という発見を読み手にさせる必要がある。が、偽らずに書くと、それが示せない。

マスコミや教育の影響だろうが、現代では多くの人が同じような意見を持っている。「自然環境」についての意見を求めると、一〇人中一〇人までが、「自然を破壊しないで、もっと大事にしよう」と書く。それをひねって、もっと違った意見を書いてくれないと、読み手も楽しみを感じないのに、みんながありきたりの良い子ぶったことを書いてしまう。

つまり、現代では、「ありのままの自分」というのは、「マスコミや教育によって作られた自分」でしかないのだ。「書く」ことによって、それを見直し、もっと別の自分を作っていくことのほうが、むしろ、重要なことと言えるだろう。

■「自分の言葉で書け」は書く楽しみを奪う

従来の文章教育で言われるもう一つの理念「自分の言葉で書け」も、大いに問題がある。

自分の言葉で書く、というのは、飾ることなく、借りものでないふだん使い慣れた言葉で書くということだ。言い換えれば、借りものの思想でなく、生活実感のある言葉で自分の日常を見直し、自分を確立するということだろう。

だが、書くということは、書かれている内容にふさわしい表現を探し、言葉を工夫するということにほかならない。手紙や日記などの場合、もちろん、自分の生活実感のある言葉で書くほうが好ましいこともある。しかし、そうでない場合も多い。

自分の言葉で書こうとすると、表現の工夫という、文章を書く上でのもっとも大事な欲求を否定してしまう。文章を書く上で、文体のテクニックを工夫するのは大きな楽しみだ。比喩《ひゆ》を使ってみる、誇張表現を使ってみる、くだけた表現を使ってみる、他人の口真似をしてみる、そうした文章の遊びこそが、文章を「書く楽しみ」なのだ。それを取り上げてしまっては、文章を書く最大の楽しみがなくなる。

「私は悲しかった」と言うにしても、「ひとりぼっちで知らない町に置き去りにされたように悲しかった」「悲しみのあまり、僕の心はその場でへたり込んでしまった」などと書くほうがリアリティがあるし、個性的な表現になる。そして、少しでも手垢のついていない新しい表現を見つけることで、自分らしい文章ができあがるはずなのだ。

文体のテクニックというのは、心にもないことを上手に表現するための単なる言葉の綾ではない。単なる遊びでも、嘘でもない。言葉という粘土を使って、いろいろと形を試みては日本語の秘密を探ることなのだ。こうしたテクニックを使うことで、表現の幅が出る。そして、それを続けることで、語彙《ごい》が増え、感情が豊かになり、自分の幅が広がるのだ。

■「文は自己演出なり」

私は、これまで書いてきたとおり、「文は人なり」という常識からそろそろ脱するべきだと考えている。そうした私の提唱する文章理念を、「文は人なり」という言葉をもじって言えば、「文は自己演出なり」となる。

文章はありのままの自分を示すものではない。人生の結果を示すものでもない。むしろ、自分をどのように見せたいかを決めて、「見せたい自分」を演出するのが、文章だ。つまりは、化粧のようなものだ。文章を工夫し、知的な自分や真面目な自分や個性的な自分を演出する。そして、自分をアピールする。それが「書く」という行為なのだ。

会話では、どうしても考えが顔に出る。即座に相手の言葉に反応することはできない。どんなに頭の回転の速い人でも、物事を理解し、自分の立場を考え、それを深めて判断するには時間がかかる。

その点、文章を書くのなら、時間をかけて、じっくりと考えられる。そして、文章を練り、いじり、テクニックを磨いて、その上で工夫を重ね、「見せたい自分」を示すことができる。つまり、装い、自己演出することができる。

もちろん、ありのままの自分を見せる必要はない。ありのままの自分でなく、あるべき自分、一歩レベルアップした自分を見せるべきなのだ。自分の言葉で書く必要もない。どしどし工夫し、人のテクニックを盗み、自分なりのテクニックを開発して、「あるべき自分」をアピールするべきなのだ。

たとえば、小論文やレポート。そして、上司に提出する企画書や販売促進計画書。これを単なる報告と考えるべきではない。

大学の入試や入社試験で小論文が課される場合、もちろん、小論文は能力を見るための材料だ。言い換えれば、小論文を書く側からすると、自分の能力の高さを示すのが、この科目なのだ。

小論文試験というのは、言ってみれば、頭の良さを演出するゲームなのだ。それがほんとうの自分の意見である必要はない。いつも考えていることと別の主張をしてもかまわない。ある問題について論じるという形で、頭の良さ、知識の多さ、判断力の的確さをアピールするのが、小論文という科目なのだ。

そうしたゲームを無視して、自己表現として小論文を書いても、凡庸《ぼんよう》な小論文しか書けないだろう。いつも考えていることを否定し、もっと別の考えはないか、もっと鋭く見せる方法はないかと考えて、アイディアを探す。そして、見つかったら、それを書く。そうすることで、様々な考えを身につけ、自分の考えを明確にしていく。それが小論文というものの意味だ。

大学のゼミや会社で書かされるレポートも同じだ。単に物事についての状況を書くだけでは、少しもアピールできない。自分なりの分析を入れ、鋭く背景を示してこそ、上司の評価を得ることができる。もちろん、自己主張ばかり激しい「目立ちたがり」のレポートで裏づけがなければ評価は低い。が、しっかりした裏づけをした上で、鋭さをアピールしていれば、高い評価を受けることだろう。

最近、大学の社会人入試や推薦入試、そして入社・転職試験で提出させられることの多い「志望理由書」も、一言で言えば、「熱意のある自分」を演出するための文章だ。大学や会社が仲間にしたいと思うような熱意にあふれた人間であることをアピールするわけだ。

そのほか、エッセイや作文は、「個性と感受性に満ちた自分」を演出するためのものだ。初めに思いつくありふれたアイディアをひねって、もっと感受性をアピールできるように、読み手が感動を覚えるように工夫してこそ、優れたエッセイや作文になる。

手紙も同じだ。手紙は単にお礼を伝えるためだけのものではない。手紙によって、相手に親密な空間を作り出す必要がある。言い換えれば、手紙は「仲間」である自分を演出する手段なのだ。

■文章を楽しもう

文章のテクニックを知って、それを楽しみ、文章で遊ぶことで、いろいろな自分を演じることができる。そうすることで、これまでにない自分を発見できるかもしれない。これまで、「これが自分だ」と思っていたことが覆されるかもしれない。

文章をいじっているうち、思いもかけない方向に文章が進んでも、初めに予定していたのとはまったく違ったことを書き始めても、それを「不純なこと」として切り捨てるべきではなかろう。そうして発見した考えも自分の考えなのだ。そして、そうやって様々な考えを試し、考えを広げてこそ、自分の世界が広がっていく。

文章を書くということは、ある意味で、未知の自分を求めて、自分を開拓する冒険でもある。化粧をすることによって思わぬ自分の魅力を発見し、自分を違った角度から見ることができるようになる。それと同じように、自己演出によって、新しい自分を発見し、自分の領域が広がっていく。

だが、そのためには、まず、楽しむことだ。文章を書くことを楽しみ、自己演出を楽しみ、読み手を楽しませたり、騙《だま》したりする喜びを味わうことだ。

そうしていくうちに、だんだんと文章力が身につくことになる。そして、同時に自分が鍛練されることになる。

第二章　小論文・レポート・投書——意見文の書き方

1　小論文とは何か

■小論文は「意見文」だ

小論文という言葉が広まっている。だが、そのわりに多くの人が、小論文を一部の大学受験にしか関係のないものと思っているのではなかろうか。

私は、小論文というものを、これから多くの人に書いてほしいと考えている。「小論文」と呼ぶから難しそうに聞こえるが、要するに、小論文というのは「意見文」だ。仕事に就いた後、大学に入った後、レポート、報告書、企画書という形で書かされる文章は、基本的に小論文の変形なのだ。そして、新聞の投書欄に出る投書、インターネット上での主張。あれも立派な小論文だ。

要するに、大人になってから人前に提出するために書く（あるいは、書かされる）文章は、役所に出す書類を除けば、そのほとんどは、小論文なのだ。

誰しも、政治や経済、教育、人生について、現代社会について、現代の流行について、意見を持つ。なぜ、そんなものが流行するのかを考えてみる。流行を否定したくなる。時には肩を持ちたくなる。それを書くのが小論文だ。つまり、自分の意見を語り、背景にある状況を考える、それが小論文と言っていいだろう。

今や小論文の花盛りと言って間違いない。難関かどうかを問わず、国立・私立のほとんどの大学・短大で小論文試験が実施されている。慶応大学環境情報学部や総合政策学部など、小論文と、ほかに一科目だけで合否が決まる難関大学も少なくない。それどころか、推薦入試や社会人入試では、小論文が主役だ。小論文だけが入試科目というところのほうが、むしろ多数派だろう。

いや、大学入試だけでない。公務員試験でも入社試験でも転職試験でも、そしてこのごろは高校入試でも、小論文は出題されている。ほとんどの都道府県の公立校の国語の問題に「意見文」と呼ばれる一五〇字から三〇〇字程度の短文問題が含まれるが、これなど、小型の小論文と言っていいだろう。

要するに、今では、小論文さえ得意にしておけば、高校入試がぐっとラクになり、難関高校・大学にも合格でき、入社試験の内定も得られ、国家試験の合格も勝ち取り、社会に出てからも文章を自由に書けて、仕事をてきぱきとこなせ、人望を得ることもできるとさえ言えそうなのだ。

ところが、そのわりに、小論文とは何かが理解されていないのではなかろうか。多くの人が、小論文とは何なのか、正体をつかめずにいる。高校までの授業には小論文という科目はない。

そもそも小論文という試験科目が広まったのも最近のことだ。とりわけ、三五歳以上の方で、小論文の勉強をしたことのある人は稀《まれ》だ。そして、いつのまにか、小論文を敬遠してしまっているようなのだ。

■小論文は恐れるに足りない

多くの人が小論文を敬遠する理由、それは小論文は作文を難しくしたものと思っているところにあると言えそうだ。だから、「子どものころ作文が苦手だったから、小論文は無理だろう」とか、「作文が得意だったから、小論文やレポートもなんとかなるだろう」と考えてしまう。そして、「小論文はなかなか力がつかない」「勉強のしようがない」といった迷信が広まる。少なくとも、多くの人が、小論文というものを自分とは縁のない、受験生だけのものと考えてしまう。

しかし、そもそも、大学入試に小論文が課され、高校入試の国語の問題にも小型の小論文というべき「意見文」が取り入れられているということは、文部省をはじめとする社会全体が、小論文がこれからの社会にとって必要不可欠なものだということを認めている証拠だろう。

実を言うと、小論文は「作文」より、よほどやさしい。

作文にはある程度のセンスが必要だ。少なくとも、書くことが好きにならないと、作文はこなせない。一朝一夕には作文の力はつかない。だから、作文はなかなか上手にはならない。だが、小論文は違う。小論文にいわゆる「文章力」は必要ない。表現に凝る必要もない。しゃれた言い回しをする必要もない。比喩《ひゆ》もいらない。生き生きと描写する必要もない。ただ、的確に物事を判断し、その根拠を説明すれば、それでいい。

だから、文法的に正しい日本語の書ける人なら、論理的に書く練習をして、必要な知識を増やせば、すぐに小論文は書けるようになる。私の経験から言うと、人によっては、数回書いてみるだけで、小論文らしくなる。あとは、必要な知識を身につけるだけで、十分に優れた小論文やレポートが書けるようになる。少なくとも、これほど急速に力のつくものはほかにはないと断言できる。

むしろ、「作文が得意だった」という人に限って、妙に表現に凝ったり、意味もなく難しい言葉を使ったりして、いつまでも小論文やレポートが書けるようにならない傾向がある。そして、作文の苦手だった人、特に理系の人で、作文など書いたことがないという人が、意外に急速に力をつけたりする。

要するに、一言で言えば、小論文は恐れるに足りない、誰でも少し訓練すれば書けるようになるものなのだ。

そこで、大学入試や企業の採用試験のためだけでなく、大学や企業で求められるレポートや企画書、報告書、新聞の投書などを存分に書けるようにするためにも、まずは制限字数の少ない小論文で論理的な文章の書き方を練習することを勧める。そして、徐々に字数を増やし、内容も専門性を高めていくのが効率的だ。そんなわけで、これからしばらくの間、制限字数一〇〇〇字程度の小論文の書き方を中心に説明することにする。

■イエス・ノーを答える文章

では、作文と小論文は具体的にどこが違うのだろう。よく聞かれることだ。

一般に言われているのは、作文というのは、自分の感受性をアピールし、文体に工夫を凝らし、読む者の心を惹《ひ》きつける文章だということだ。そこには主観的な感想や直感的な判断が含まれる。それに対して、小論文やレポートというのは、読んで字のごとく、何かを論じる小文のことだ。感受性を自己演出するのではない。むしろ、知性、鋭さ、てきぱきとした論理性をアピールする。そして、論理的、客観的に社会問題について、分析、判断し、その裏づけを行う。

もちろん、このような説明に間違いはない。が、もっとわかりやすい作文と小論文の違いがある。

小論文というのは、作文と違って、ある問題に対してイエスかノーかを答えるものなのだ。

小論文とは、何かを論じる文章のことだ。広辞苑で「論ずる」という項目を引くと、最初の語義として「事理を説明する。また、物事の是非をただす」とある。「物事の是非をただす」というのは、言うまでもなく、ある事柄についてイエスかノーかを明らかにすることだ。したがって、ある問題を見つけ、それに関してイエスかノーかを答えれば、それで論になる。突き詰めて言えば、論文と名のつくものは、小論文でも大論文でも、論じるものである限り、扱っている問題に対してイエスかノーかを答えている。

レポートや報告書、意見書と呼ばれるものも基本的に違いはない。問題点を見つけ、それについての問題点を指摘し、その上で意見を言うことが求められている。意見というのは、ある事柄が正しいか、好ましいか、どんな対策が可能か、あるいは不可能かといった、イエスかノーかを考えるものなのだ。

つまり、どんな問題が出されても、イエス・ノーを問う問題提起を自分で作って、それについて論じれば小論文やレポートになる。たとえば、小論文試験や大学のレポートで「クローン技術について」という問題が出された場合、それについて、様々のデータを示しただけでは、単なる「解説」であり、単なる「資料の引き写し」でしかない。「クローン技術は人類の未来にとって有益か」「クローン人間を作ることは許されるか」などのテーマを設定して、問題点を考慮した上で、それについて判断すれば、小論文やレポートになるのだ。「ゆとり教育」についての意見が求められたとしても、それがどのような経緯で出現したのか、その功罪は何かを検証しながら、最終的には、「ゆとり教育は好ましいのか」を判断する必要がある。それを示さないことには、論にもレポートにもならない。

課題となる文章やグラフなどの資料についての意見が問われる受験の小論文問題も、大学や企業で課される一冊の本や現実の状況についてのレポートも基本的には変わらない。これらの資料も必ず何かを主張している。その文章のテーマや指摘が正しいかどうかを判断するわけだ。一冊の本がレポートに課された場合、その全体を扱うのは難しいので、その場合は、いくつかの問題点のうち一つを選んで、その是非を論じる。グラフなどの場合も、そのグラフの示す状況は好ましいかを問題提起して論じればいい。いずれにしても、イエス・ノーを答えるわけだ。

企業で提出を求められる企画書の類も同じだ。これも、ある活動について、どんなマイナス面があるかを検証し、その対応策を考えながら、その活動の是非を判断する文章なのだ。

もちろん、長文のレポートや大学の卒業論文、大学院の修士論文など、長い文章が求められるとき、一つの問題提起だけでは不足だ。だが、その場合も、小論文の組み合わせと考えればよい。一つ一つの章や節で、ある問題についてイエスかノーかを検証して、全体像を明確にしていくわけだ。

たとえば、「わが社の製品の伸び悩み」についてレポートが求められた場合、大きな問題提起として、「伸び悩みを解決できるか」を提示すると書きやすいだろう。そして、いくつかの節を設けて、それぞれの節で「伸び悩みは一時的か」「伸び悩みの原因はX社の製品か」「伸び悩みは製品開発の失敗か」「伸び悩みは広告の不足か」など、考えられる問題についてそれぞれイエス・ノーを明確にするわけだ。そうすることで、長文の論文もできあがる。

いずれにしても、一つのまとまりについては一つのイエス・ノーの問題提起をして、それについて判断をするわけだ。そうすることで、論点を定められる。一つのことを深く論じることができる。短い字数であれこれ書くと、論点が定まらず、まとまりのない文章になってしまう。

そして、それだけでなく、「今度は何を書こうかな」などと考えるまでもなく、毎回、どんな問題が出されようと、問題点を見つけ、それに対してイエス・ノーを判断すればよい。そうすれば、いつも同じパターンで書ける。

ただし、もちろん、どんな問題提起でもよいわけではない。うまい問題提起ができないと論を成り立たせることができない。問題提起に失敗すると、全体が無意味な文章になってしまう。

小論文にせよ、レポートにせよ、もっとも大事なのは、問題提起が賛否両論の存在するものでなければならないということだ。たとえば、小論文やレポートで「コンピュータと生活」や「売り上げ増加」という題を出されて、「コンピュータは生活のなかで使われているか」「売り上げを増加するべきか」といったイエスに決まった問題提起をしても意味がない。これでは、「コンピュータは車やテレビにも使われ、経済もコンピュータなしでは成り立たない」「売り上げを伸ばしてこそ会社も豊かになり、給料も増える」といったみんなが知っていることを繰り返すだけになってしまう。これでは、論にも主張にもならない。つまり、イエス・ノーの判断にならない。

つまり、こういうことだ。何はともあれ、賛否両論のあるイエス・ノーの問題提起を作って、イエス・ノーを判断し、その根拠を述べる。そうすれば、小論文やレポートになるということだ。

■論理とはイエス・ノーを判断すること

このような私の指導に対して、これまで受験生や指導者からの賛成の声とともに、批判も寄せられてきた。批判のほとんどは、「小論文はイエス・ノーではない。○×で答えられないことを書くのが小論文であって、イエス・ノーにするべきではない。イエス・ノーでは高いレベルの文章は書けない」「物事はイエス・ノーでわりきることはできない。わりきれないことを、しっかりと考え、様々な思考を示すのが小論文の意味だ」というものだった。ついでなので、ここで少し釈明しておこう。

私は、「イエス・ノーではダメ」と語る人の多くはまず、小論文やレポートなど、意見を書く文章と作文の違いを十分に認識していないのではないかと考える。彼らは、小論文やレポートを、まさしく「文は人なり」というレベルで捉えているのだ。だから、個人的な体験を書き、しっかりと生活を見つめることを書くべきだと考える。そして、文章にこれまで生きてきた自分の信条をにじみ出させようとする。そのため、小論文はイエス・ノーといった明確な判断では書くことができないと考える。

私も、物事をわりきることはできないと考える。とりわけ、人の心、自然、経済など、わりきって捉えようとしても捉えきれない。世の中の多くのことが「一概には言えない。それを使う人と状況によって異なる」というのが、現実的にはもっとも正しい答えだ。「Aが正しいか、それとも反Aが正しいか」という問題の場合、ほとんどの現実的な対策としては、二つの案の中間案であったり、折衷案であったりするだろう。また今、そのような、すべてをわりきって考える近代ヨーロッパの思想が疑問に付されていることも十分に承知している。

だが、だからといって、物事をわりきることをせずに、カオスのままにしていては、いつまでも物事を整理して捉えることができないのではあるまいか。物事をわりきるべきではないというのは、物事を分析的に捉えるべきではないと言うに等しい。分析的に捉えるということは、一つ一つの項目についてイエス・ノーを明確にし、その意味を明確にすることに始まる。イエス・ノーを明確にしないで、意味を明確にすることはできない。分析的に、つまりは知的に物事を考えることはできない。

要するに、考えるということは、イエスかノーかを明確にすることだ。そもそも、日本人はそうしたことを疎《おろそ》かにし、イエス・ノーを曖昧にし、分析をせず、情緒的な文章で満足してきた。そして、そのために「日本人はイエス・ノーがはっきりしない」「日本の政治家は自分の言葉で演説できない」「日本人は政策で動かず、人間関係で動く」「日本人は論理的でない」などと言われてきた。

だが、それでは、これからの国際社会において外国に太刀打ちできない。もっと分析する力や論理力を身につける必要がある。そのためには、情緒的作文ではなく、イエス・ノーを明確にした小論文を書く必要があるのだ。

いや、それだけではない。

確かに、現実的には「AとBの中間であるべきだ」「場合によって異なる」というのが正しいにしても、それでは論として、あまりに説得力がない。小論文やレポートというのは、ある問題についての理念を答えるものだ。具体的にどうするべきかを明確にする前に、理念としてどちらであるべきか、これからどちらの方向に進むのが好ましいことなのか……などを判断することが求められている。そして、そうすることで、頭の良さをアピールするのが、小論文・レポートの意味なのだ。

小論文・レポートというのは、基本的に、ある問題を通して自分の知性と知識をアピールするゲームだと私は考えている。ありふれていない切り口で、物事を分析し、判断に説得力を持たせ、それによって能力を示すわけだ。そうすることで、入学や入社が認められ、上司に能力を認められる。ところが、中間案や折衷案、あるいは「場合による」という意見では、現実的には正しいとしても、あまりに論として弱い。

小論文やレポートとは、ある問題を通して、その背景にある大きな問題をえぐりだすものだ。大学入試の小論文の場合は、「日本社会の将来」「国際社会の進むべき方向」「民主主義の意味」「教育の意味」「生きる意味」など、社会科学的、人文科学的な大きな問題についての判断を示すものなのだ。志望学部によっては、「文学の意味とは何か」「英語教育の目的とは何か」「技術の将来はどうか」「日本人の食生活はどうあるべきか」などの場合もあるだろう。

企業で提出させられるレポートの場合も、直接的にはたとえば、新製品の開発についての意見書であっても、その背景に「自分たちの企業がどの方向に進むべきか」「これからどんな理念で活動するべきか」「どんな社会貢献をしていくべきか」などという大きな問題がある。そうした問題に切り込むことで、分析力や知識をアピールできる。

フランスの大学入学資格試験（バカロレア）には小論文（ディセルタシオンと呼ばれる）が課されている。その答案は、毎年、専門の哲学者や学者も舌を巻く高レベルのものが含まれ、それらの文章は新聞などに発表される。いや、そもそもフランスという国に論理的分析的な文章が定着し、たくさんの思想家を生んできたのも、幼いころからディセルタシオンの訓練を受けているからだろう。

ところが、そのディセルタシオンの問題は原則としてすべて「イエスかノーか」を問う形式で行われている。フランスの哲学科の大学入学資格試験をはじめ、ほとんどの学科で課される論文がイエス・ノーの形式だ。たとえば、「小説は現実を映す鏡だというスタンダールの言葉は正しいか」「虚偽に含まれる真実などありえないというのは正しいか」といった具合だ。そして、デカルト、パスカル以降、ほとんどのフランスの哲学者、思想家たちの文章は、そうした論理の積み重ねからなっている。

これ一つとっても、「イエス・ノーでは優れた小論文やレポートは書けない」というのが大きな誤解であることは明らかだろう。

練習問題Ⅰ

では、まず、上手に問題提起する練習をする。次のようなテーマについての意見が求められた。どのような「イエス・ノー」の形の問題提起にするべきなのかを考えてみてほしい。

a　「学級崩壊」

b　「コンピュータと生活」

c　「新製品開発について」

解答例

a　「学級崩壊を解決できるか」「学級崩壊の原因は文部省のゆとり教育にあるか」「学級崩壊は学校に責任があるか」「学級崩壊は子どものわがままが原因か」など。

b　「コンピュータは生活を豊かにするか」「コンピュータは生活にとって必要か」「コンピュータによって生活を効率化するべきか」など。

c 「新製品を今、開発する必要はあるか」「新製品はこれまでの製品の改良品にするか」「新製品は他社製品を凌ぐものにできるか」「新製品開発はわが社独自に行うか」「新製品の開発はこれまでと同じ部署でよいのか」など。

2 どんなテーマでも、「型」を守って書く

■「型」の重要性

欧米系の人の話すのを聞いて、その知性に驚いたことはないだろうか。

彼らは、実に論理的に話をする。何かを尋ねられると、たとえば、「それについて、私はイエスである。その根拠は三つある。まず、社会的な面から考えると……」「私はノーだ。多くの人はイエスという。が、それは三つの理由で間違いだ」というように話を進める。我々日本人としては、その頭の良さに舌を巻くばかりだ。

では、ほんとうに欧米人は日本人と比べて「頭が良い」のか。頭の回転が速く、鋭く、深いことを考えているのだろうか。

もちろん、そのような面もあるだろう。とりわけ、日本で接することのできるような欧米人、とりわけテレビで発言するような欧米人は知的階級であることが多い。だから、子どものころ

からそのような知的訓練を受けてきた人なのだ。論理的思考に慣れている。知識も豊富だ。

が、もちろん、それだけではない。彼らの口調を聞いていて、気づくことがある。どうやら、彼らは、「それについて、私はイエスである。その根拠は三つある。まず、社会的な面から考えると……」と口にするときには、まだ内容については考えていないらしいのだ。なんとなく、「イエスで答えよう」と思っているだけで、「根拠は三つある」と言いながら、実は、三つの根拠を頭に思い浮かべているわけではないようだ。その証拠に、根拠として示されるのが、「三つ」と言っていたはずなのに、実際に口にしたものは二つだったり、四つだったりということはしばしばある。

つまり、「それについて、私はイエスである。その根拠は三つある。まず、社会的な面から考えると……」というのは一つの「パターン」であって、とりあえずその「パターン」を口にして、その後で考えているということなのだ。彼らの「頭の良さ」の秘密はここにある。つまり、「パターン」をうまく使って論理的思考をしているわけだ。

ここは一つ、欧米人の方法を、真似たらどうだろう。要するに、論理的に思考するための最大のコツ、それは「型」を決めて、そのとおりに書いていくことなのだ。

ただし、「型」というのは、単なる形式ではない。これは、論理的に考えるための道筋なのだ。論理的に問題を取り上げて、それについて判断を下すには、それなりの手順が必要となる。

そうした考えの道筋、考えの手順が「型」だ。

多くの人が、「論理的に書け」と言われてきたはずだ。が、「論理的に書け」と言うばかりでは、具体的にどうすればいいのかわからなかった人も多いに違いない。が、論理的に書くのはそれほど難しいことではない。次に示す型どおりに書けば、まずは誰が書いても、とりあえずは論理的になる。途中で論がずれたり、別の問題になったりしない。

もちろん、「型」を崩して書くこともできる。たとえば、文学部の入学試験や出版社の入社試験などでは型どおりの文章より自由作文風・エッセイ風の文章を好む。そんなところでは、多少アレンジしたほうが個性をアピールできて好まれる。だが、たとえそうであっても、まずは型どおりに書く練習をするほうが早道だ。型どおりに書くのを嫌う人は、コンスタントに力を発揮できない。見事な小論文を書いたかと思えば、「支離滅裂」な文章を書く。出来・不出来の差が激しい。

それに対して、型どおりに書く人は、初めはうまくいかなくても徐々に上達する。論理がしっかりしているので、失敗しても、それなりものができあがる。そして、いったん、論理力に自信がつくと思い切って個性的なことが書ける。個性的なことを書いても、論理はしっかりした文章になる。

したがって、まずは型どおりに書けるようにしておくのが、コンスタントに力を発揮するコツだ。少なくとも、小論文やレポートに自信のない人は、「型」のマスターに全力を注いで論理的に書けるようにしてこそ、上達する。逆に言えば、「型」さえ理解していれば、内容はともかく、まずは論理的な文章にはなる。

■「型」は四部構成で

制限字数が一〇〇〇字以下であれば、基本的には、それぞれの部分が一つの段落でいい。つまり、小論文やレポートは、基本的にはⅠ〜Ⅳの四段落からなると思っていい。ただし、それ以上の字数の小論文やレポートは、Ⅱ、Ⅲの部分をいくつかの段落に分ける。

［Ⅰ・問題提起］

イエス・ノーの問題提起をする。課題が、直接的にイエスかノーかになっていないときには、ここでイエスかノーかに転換する。文章が出題されて、それについての意見が求められているときには、「課題文は……と言っているが、それは正しいか」といった形にする。

［Ⅱ・意見提示］

イエスとノーのどちらの立場を取るかを示す。ここは、「確かに……、しかし〜」というパターンで書くと書きやすい。つまり、イエスの立場を取りたいときは、「確かに、ノーの面もある。こんな場合だ。しかし、自分はやはりイエスのほうが正しいと思う」というように。こうすることによって、視野の広さをアピールして、一方的な文章になるのを防ぐ。同時に、問題点をしっかりと理解していることを示し、反対意見を踏まえた上で、論を深める。しかも、こうすることで、字数稼ぎができる。目安は全体の三〇～四〇パーセントの字数だ。レポートなど、制限字数が多いときには、ここをいくつかの段落にして、自分とは反対の立場の意見を紹介しながら、反対意見の根拠を示したのち、それに自分は反対であることを明確に語る。

［Ⅲ・展開］

イエス・ノーの根拠を示す。小論文やレポートの中心部であって、ここの展開の仕方によって、小論文やレポートの価値が決まる。問題となっている事柄の背景、原因、歴史的経過、結果、背後にある思想、実現するための対策など、表面的ではない部分をできるだけ深く掘り下げて書く。全体の三〇～四〇パーセントの字数で。制限字数が少ないときには、できるだけ焦点を絞るべきだが、レポートなど、制限字数が多いときには、ここをいくつかの段落にして、複数の角度から判断を示す。

［Ⅳ・結論］

もう一度全体を整理し、イエスかノーかをはっきり述べる。余韻をもたせたり、道徳的目標などをつけ加えたりする必要はない。

では、型どおりに書いた「ゆとり教育について」という題の小論文をここで挙げよう。「型」がどのように用いられているかを確認してほしい。

模範解答文

「ゆとり教育」が問題になっている。しばらく前から、日本の学校では、かつての受験競争が否定されて、学習内容を減らすなどして子供たちの負担を減らす「ゆとり重視の教育」が行われてきた。では、そのようなゆとり教育は正しいのだろうか。

確かに、ゆとり教育のおかげで、生徒たちは受験による抑圧から解放されて、自由に生きられるようになった面はある。受験競争が激しかったころ、子供たちは圧迫に苦しみ、意味のない競争に明け暮れなければならなかった。そして、そこから脱落したものは「落ちこぼれ」として、差別的な扱いを受けた。それに比べれば、勉強や競争を強いない現在のゆとり教育は好ましいと言えるだろう。しかし、ゆとり教育は、大きな問題を抱えているのである。

ゆとり教育の大きな問題として、大学に入っても専門科目の勉強についていけないほどの学力不足がしばしば挙げられ、技術立国としての日本の将来が危ぶまれている。そして、それ以上に問題なのは、学習内容が減ったため、若者は競争意識を失い、生活にハリをなくしていることである。かつて、若者は他人との競争の中で自分の能力やその限界を知り、自分の個性やアイデンティティを発見していた。だが、現在の若者にはそうした機会が失われている。しかも、学問を重視しないために、若者は知的なもの、難解なものへの敬意を失い、努力を怠る。そのため、若者はいつまでも自己確立ができず、刹那的にその時々の快楽を追いかける。努力した上で、自分を作り上げていくという意識を持たない。そのあげくの果てが、都市の歓楽街にたむろし、夜中まで遊び歩く若者の姿なのである。

私は、ゆとり教育が学力低下だけでなく、若者の意欲の低下をもたらし、自己確立を妨げていると考える。その意味で、ゆとり教育に反対である。

■「型」の注意点

ただし、「型」を用いる場合、いくつかの点に注意してほしい。

第一に、［Ⅱ・意見提示］で「確かに」の後に、説得力のありすぎないことを書く必要がある。説得力がありすぎると、「しかし」で切り返せなくなってしまう。「確かに、科学技術のために今、自然は破壊され、地球は人類の住めない場になりつつある。しかし、科学技術は便利だ」という論では、「確かに」の後のほうが、「しかし」の後よりも説得力がある。それでは論は成り立たない。

また、このように書き出して、書いている途中で、「しかし」の後に説得力がないことに気づいて、「確かに、科学技術のために今、自然は破壊され、地球は人類の住めない場になりつつある。しかし、科学技術は便利だ。しかし、自然の破壊は好ましくない」などと書いてしまうこともある。これでは、イエスなのかノーなのかがはっきりしなくなる。

少なくとも初めのうちは、きちんと、「確かに」の後に反対意見を書いて、「しかし」で切り返すという形を守ることを勧める。

第二に気をつけてほしいのは、「確かに」の後と、「しかし」の後、そして、［Ⅲ・展開］の内容をしっかりと対応させることだ。それがはっきりしていれば、論がずれることがなくなる。それが曖昧だと、論がずれてしまう。

たとえば、「ゆとり教育」という題が出たら、「確かに、ゆとり教育には悪い面もある。こんな場合だ……。しかし、競争重視よりも生徒にとって望ましい。なぜなら、……」、または

「確かに、ゆとり教育には良い面もある……。しかし、ゆとり教育より競争重視のほうが生徒にとって望ましい。なぜなら、……」などというパターンで考える必要がある。

ところが、なかには、「確かに、ゆとり教育には悪い面もある。たとえば……。しかし、ゆとり教育が今の日本では増えている」「確かに、ゆとり教育には悪い面もある。たとえば……。しかし、最近の子どもたちはゆとりをなくしている。もっとゆとりをもった精神が必要だ」などとする人が多い。おわかりだろうか。いずれも、「しかし」の後で、論が大きくずれてしまっているのだ。このようなことのないようにしなければならない。

もう一つ注意してほしいのは、［Ⅱ・意見提示］ですべてを書いてしまわないことだ。ここで書きすぎると、そこで終わってしまう。論のクライマックスは次の［Ⅲ・展開］なのだから、ここでは、Ⅲの内容を予告する程度にしておいて、本格的には次のⅢで書くように工夫するといい。要するに、ⅡはあくまでもⅢへの橋渡しと考えるべきだ。

ところで、この「型」をうまく使いこなすには、この四部構成をしっかりと頭に入れておいて、日常生活でも、このような論理の型を使うことだ。

たとえば、家族に「今度の休みには温泉に行こう」と言われたら、「確かに温泉に行くのものんびりできていいだろう。しかし、それではのんびりしすぎて、少し物足りない。せっかくの長い休みなのだから、どこかに行って町の見物をしよう」などと考えるわけだ。そして、

「確かに……しかし……。なぜなら……」というのを口癖にしておくとよい。もちろん、そうすると、人から「理屈っぽい奴だ」と煙たがられる恐れがあるが。

練習問題2

自分の意見を型どおりに、つまり論理的に構成する練習をする。頭の体操として、次の問題に挑戦してみていただきたい。

a 話している相手が、「日本人は英語を六年間勉強しても、会話ができるようにならない。もっと会話中心の英語教育にするべきだ」と語った。これに対して、型どおりに賛成と反対の意見を示しなさい。

b 知人が「ロン毛・茶髪はサラリーマンにふさわしくない」と言った。これに対して、型どおりに賛成（「ふさわしくない」）と反対（「そうとも言えない」）の意見を示しなさい。

解答例

次のように構成するとよい。なお、［Ⅲ・展開］について、いくつかの案を示しておく。

a

賛成する場合

［Ⅰ・問題提起］

会話中心の英語教育にするべきか。

［Ⅱ・意見提示］

確かに、会話を勉強するだけでは、深く言語を理解することはできない。だが、会話ができないのでは、外国語を学ぶ意味がない。

［Ⅲ・展開］

▼生きた言語を学んで意見交換するのが言語を学ぶ意味だ。会話によってこそ、深く交流できる。今、人々が使っている言語で生身の人間と交流してこそ、意味がある。

or 文法中心の訳読教育は、日本が一方的に外国から文化を取り入れていた時代の学習方法だ。今では時代が違う。対等の立場で交流するには会話が必要だ。

［Ⅳ・結論］

したがって、会話中心の英語教育が望ましい。

反対する場合

［Ⅰ・問題提起］
会話中心の英語教育にするべきか。

［Ⅱ・意見提示］
確かに、会話も大事だ。しかし、会話偏重にすべきではない。

［Ⅲ・展開］
▼外国語教育の本質は表面的な会話ができるようにすることが目的ではなく、外国語を知ることによって、外国の文化を深く知ることである。
orその国の言語のもっとも洗練された結晶である文学作品などを原語で味わってこそ、言語という民族の文化のエッセンスを味わい、理解することができる。
or英語の文法を知ることによって、日本語の文法の特性、日本文化の特質を理解できる。

［Ⅳ・結論］
したがって、正確な文法を知って、文章を読解することのほうを重視すべきだ。

b

「ロン毛・茶髪はふさわしくない」という立場で書く場合

［Ⅰ・問題提起］

ロン毛・茶髪はサラリーマンにふさわしくないか。

［Ⅱ・意見提示］

確かに、個人の自由がある。また、個性をアピールできる職種では、ロン毛・茶髪も悪くない。が、日本の社会では、これは好ましくない。

［Ⅲ・展開］

▼ロン毛・茶髪は、自己主張の印であり、組織に入りたくないという意思表示でもあるはずだ。だが、サラリーマンだということは、組織の一員ということだ。サラリーマンである以上、スーツを着るべきだし、ロン毛・茶髪は好ましくない。

or 茶髪は髪の黒い自分を否定することであって、自己否定にほかならない。日本人らしさを否定して外国人の真似をするのは、自信のなさを埋めようとすることだ。もっと自分に自信をつける方向で考えるべきだ。

［Ⅳ・結論］

したがって、ロン毛・茶髪はサラリーマンにふさわしくない。

「ロン毛・茶髪でかまわない」という立場で書く場合

［Ⅰ・問題提起］

ロン毛・茶髪はサラリーマンにふさわしくないか。

［Ⅱ・意見提示］

確かに、組織の一員であるサラリーマンである以上、サラリーマンらしい服装は必要だ。しかし、ロン毛・茶髪がそれを乱すとは言えない。

［Ⅲ・展開］

▼これからはサラリーマンであっても、自分の個性を主張し、独創性を発揮して仕事をするべきだ。上司に従属し、言われたままのことだけをするサラリーマンでは、これからの時代は成り立たない。従属を否定するロン毛・茶髪は悪くない。

or企業ももっとおしゃれであるべきだ。日本の企業が低迷している一つの原因は、生真面目で杓子定規にものを考え、柔軟な感覚を持たないことだ。ロン毛・茶髪を認め、自由な服装を認めるような発想が必要だ。

［Ⅳ・結論］

したがって、ロン毛・茶髪も悪くない。

3　こんな小論文・レポートは失敗だ

■文体は新聞を見習え

小論文やレポートがどういうものかはわかった。どう構成すればいいかもわかった。では、これできちんとした文章が書けるかというと、そうでもない。小論文やレポートにふさわしい文体を用いる必要がある。小論文らしい文体で書いてこそ、内容も小論文になる。

そんなわけで、まずは問題にチャレンジしてもらおう。私がいろいろと説明するよりは、例を読んでもらうほうが、不適当な文体についてイメージが明確に伝わると思うからだ。

練習問題3

次の「ゆとり教育について」の文章は、どれも小論文にふさわしくない文体が用いられている。どのような点が好ましくないのか、指摘してほしい。

a　「ゆとり教育」という言葉をよく聞くが、それはゆとりをふやしてつめこみをやめようということで、よい面もあるかもしれないが、逆に悪い面もあると思うので、それが本当によいかどうかについて考えることにしよう。

b　ゆとりという言葉は耳に心地いい。これに反対する人なんていないだろう。けれど、ゆとり教育というのは言葉だけでちっとも中身が追いついていないというのがほんとのところじゃないだろうか。そもそもゆとりをもって教えれる教師がどのくらいいるというのか。

c　ゆとりがあるということは、好ましいことだ。かつては、子どもたちはゆとりを持てなかったそうだ。受験に追われ、勉強のできない子どもは劣等感を持った。だから、みんながいやいやながら勉強をした。その意味で、ゆとり教育はよいことだと思います。

d　現在の教育制度には様々の問題点があるがどれも解決は難しいと言えるだろう。ゆとりと個性を重視した教育を実践しようという「ゆとり教育」の理念には問題点が多いと言えるのである。

e　〝ゆとり教育〟について様々の意見がある。それを素晴らしいという意見もある。が、逆の意見もあるのだ！　では、果たしてゆとり教育は正しいのだろうか？

解答例

a これは一文が長すぎる。そのため、曖昧な文章になっている。一文が六〇字を越したら要注意。小論文の場合、文体に凝るよりも、わかりやすい文体を心がける必要がある。

訂正例

「ゆとり教育」という言葉をよく聞く。それはゆとりをふやしてつめこみをやめようということを意味する。これには、賛否両面がある。では、それが本当によいかどうかについて考えることにしよう。

b この文章はくだけた調子の話し言葉で書かれている点で好ましくない。「作文」や「エッセイ」なら、これでよいこともあるが、小論文では厳禁。「けれど」「してる」「いまいち」などの俗語的な表現を用いるべきではない。

訂正例

ゆとりという言葉は耳に心地いい。これに反対する人などいないだろう。しかし、ゆとり教育というのは言葉だけで少しも内容が伴わないというのが事実ではないだろうか。そもそもゆとりをもって教えられる教師がどのくらいいるかも、心もとない状態だ。

小論文・レポートにふさわしい文体は「新聞」の文体だ。朝日、読売、毎日などの全国紙、地方紙の記事や社説などで使われている文体と考えればよい。したがって、小論文の文体の練習をするには、原則として新聞記事を参考にするのが望ましい。

ところで、このbの文に「教えれる」という表現が出てきた。「れる」「られる」について自信のない若い方が多いと思うので、少し整理すると、こういうことだ。「れる」は五段活用とサ行変格活用の未然形に、「られる」はそれ以外の活用形の未然形につく。が、そうは言ってもわかりにくい。正しくきちんと整理しておいてほしいが、もっと簡単な見分け方として、命令形が「れ」で終わる言葉に対しては「れる」、命令形が「ろ」で終わるものについては「られる」と考えておくと、ほぼ合致するはずだ。

「走れ」「放れ」だから、「走れる」「放れる」が正しい。「投げろ」「見ろ」「食べろ」「止めろ」「やめろ」だから、「投げられる」「見られる」「食べられる」「止められる」「やめられる」が正しい。「投げれる」「見れる」「止めれる」とは言わない。

c

この文章については、一目瞭然、最後に「ます」が入っている。小論文・レポートでは、「です・ます」調よりも、「だ・である」調のほうが好ましいだろう。「です・ます」だと、どうしても、「良い子の作文」のような文章になってしまう。とりわけ「です・ます」と「だ・である」を混ぜるのは、好ましくない。もちろん、有名作家や評論家の文章にも、しばしば「です・ます」と「だ・である」が混じっていることがある（ただし、そうしたものは、講演を文章に起こしたものであることが多い）が、それを素人が真似をするべきではない。混ぜて書くと、それだけで、文章のヘタな幼稚な人間だと思われてしまって、評価が下がる。

d　これは、実は必ずしも「間違い」というわけではない。だが、いかにも読みにくいと感じられる方が多いのではあるまいか。そのとおり、この文には、読点(つまり、テン)がついていないのだ。

訂正例

現在の教育制度には様々の問題点があるが、どれも解決は難しいと言えるだろう。ゆとりと個性を重視した教育を実践しようという「ゆとり教育」の理念には、問題点が多いと言えるのである。

日本語の読点には、つけ方の規則はないが、だいたい以下のような目安がある。

❶重文のとき、節の後（つまり、「……だが」「……ので」「……のとき」などの後）。

❷続けて書くと、別の言葉と誤解されるときには、できるだけつける。つまり、「昨日、父が私のアパートに来たので、」「わたしはできるだけのことをしたのに、」「夏目漱石、

芥川龍之介、三島由紀夫」「ゴーゴリ、トルストイ、ドストエフスキー」というように。

❸主語が長いときには、主語の後につける。「一九九七年に成立した臓器移植法は、」というように。

---

e　これについては、もしかすると「間違いはない」と感じた人が多いのではあるまいか。実は、この誤りは記号にある。〝！〟や〝？〟の記号、あるいは！などは、作文のなかで人の台詞《せりふ》などでは使うが、本来の日本語ではないので、小論文・レポートには使うべきではないとされている。

■できそこないの小論文とは？

私は、一〇年程前から毎年、大量の小論文を添削してきた。優れた小論文もあるが、そうでないものも多い。そして、それらを読みながら感じるのは、「できそこない」の小論文にはパターンがあるということだ。かなりの人が同じような失敗をする。大きく分けて、七〜八パターン、小さく分けても一二〜三のパターーンで失敗のほとんどが言い尽くされるほどだ。

そこで、どんな小論文が悪い小論文かをわかってもらうために、そして、それを理解した上で、どう書けばいいかをわかってもらうために、ここでも、問題を出すことにする。

練習問題4

以下に示したa〜hの文章はいずれも「ゆとり教育」という題で五〇〇字前後で書かれた小論文だ。ところが、これらには、いずれも大きな欠陥がある。ア〜クの欠陥のうち、どれに当てはまるのかを答えなさい。

ア　具体例ばかりで論になっていない
イ　説明がなく、決めつけている
ウ　イエス・ノーの立場が曖昧
エ　解説にすぎず、論になっていない
オ　羅列しているだけで説明不足
カ　途中から得意な「ネタ」にすりかえている
キ　途中から論がずれている
ク　感情的すぎて客観性が不足

a

ゆとり教育とは、文部省が一九八〇年代から進めてきた教育理念のことである。ゆとりを大事にし、生徒一人一人の個性を尊重し、無駄な詰め込みをやめようとするものだ。

かつて、日本の学校は校内暴力によって荒れていた。当時、学校は受験競争が激しく、勉強ができるかできないかで生徒が差別される傾向があった。校内暴力は、そうした状況に対して、「落ちこぼれ」と呼ばれる生徒たちが反抗した面があった。

それを反省して出てきたのが、ゆとり教育である。ゆとり教育によって、選択の幅が増えている。以前のようにたくさんの科目を勉強するのでなく、少ない数の科目だけを勉強すればよい。したがって、自分の能力と個性に合わせた勉強ができる。反面、選択によって受験を決めるため、大学の医学部に入学した学生が生物を習ったことがない、などの問題が起こってきている。これからも改善の余地があると言えるだろう。

答エ　一読して、多くの方が「何を言いたいんだろう」という疑問を持たれたと思う。そのとおり。これは単なる「解説」であって、「論」つまり、「イエス・ノー」になっていない例だ。多くの人が陥りがちな、最も良くない例と言えるだろう。

b

文部省の進める「ゆとり教育」が広まっている。そのため、授業数が減り、学習内容も減っている。これは好ましいことだろうか。

確かに、勉強内容が減りすぎて生徒の学力が落ちるのは好ましいことではない。したがって、どのような学習内容を減らすかはしっかりと検討する必要がある。しかし、人間にはゆとりが大事なのではなかろうか。

人間はゆとりを持たないと、あくせくしてしまう。そうすると、自分らしさを得られない。趣味を持ち、芸術を楽しみ、スポーツ観戦をすることで、生きる喜びが感じられる。ゆとりを持たずに勉強や仕事に必死になっているのでは、生きる意味がない。今、あちこちで凶悪な犯罪が起こっているが、そうしたものも、ゆとりを持たないから起こったことだろう。ゆとりを持って自分を客観視でき、人生を味わっていれば、そのようなことが起こるとは思えない。

これからは、生きる喜びを大事にし、ゆとりを持つ社会にする必要がある。

答キ　「型」にそって書かれているが、第三段落で大きくくずれて、「ゆとり教育」でなく、「ゆとり」についての一般論になっている。なぜ、こうなってしまったか。それは、第二段落の「しかし」のあとで、きちんと問題提起に合わせなかったためだ。問題提起に答える形で、「しかし、ゆとり教育が大事だ」としていれば、ずれなかったはずだ。

……………

c

理想的な教育に見えた「ゆとり教育」の理念に疑問が出されはじめている。では、このゆとり教育を改めるべきなのだろうか。

ゆとり教育に問題点が多いことは認めなければならないだろう。だが、ゆとり教育の理念そのものを否定するべきではなかろう。

私が小学生だったころ、五、六年生の時に受け持ってくれたT先生は、自主性を重視してくれる先生だった。私が今、クラシック音楽好きなのも、先生がクラシック音楽好きで、クラスのみんなに何度もモーツァルトやチャイコフスキーの音楽を聴かせてくれたからだ。そのクラスはみんなが仲良しで、社会科や理科の時間も、みんなで議論や実験をすることが多かった。T先生が休みだった日、隣のクラスの先生が来て、テストを受けた。私はその先生にカンニングを疑われた。が、その時も最後まで私を信頼してくれたのは、T先生だった。

私は、日本の教育全体が、T先生のような教育になるといいと思っている。

答ア　第三段落から、体験だけになっている。体験を加えるのは、たとえば短大の推薦入試などでは好まれる傾向が強い。が、体験部分はもっと短めにして、もう少し一般化したまとめが必要だ。

d

ゆとり教育が問題になっている。ゆとり教育とは、近年の学校で採り入れられている教育理念であるが、これには賛否両論が出されているのである。では、このゆとり教育をこれからも続けるべきなのだろうか。

もちろん、ゆとり教育にも問題は多い。先生は、心のかぎり子どもたちを愛そうとする。だが、心の純粋な子どもたちはそれを、自分たちのすべてを受け入れてもらえていると考えて、つい踏み外してしまう。そうして学級崩壊という悲しい現実が起こっているのだ。だが、それは別としても、ゆとりの教育はすばらしいものではないだろうか。

自主性を大事にするということは、子どもたちに愛情を持ち、子どもたちを信頼するということだ。教育者にとってこんなすばらしいことがあるだろうか。子どもたちを信じてこそ、お互いに信頼関係が生まれ、子どもたちのなかに愛情のある心と思いやりが育つ。そして、生徒は老いてまで恩師を尊敬の心を持って思い出し、先生も懐かしさを持って生徒を思い出すのだ。そうした心の通い合う教育のためには、ゆとり教育しかありえない。

したがって、私はゆとり教育をもっともっと進めて、心豊かな教育を行うべきだと考える。

答ク　全体に「すばらしい」「愛」などといった情緒的、感情的な言葉が多用され、少しも論理的に考えていない。これでは、小論文とは言えない。

e

ゆとり教育とは、ゆとりや自主性、個性を尊重する教育のことである。近年、日本でもゆとり教育が取り入れられてきた。これは好ましいのだろうか。

ゆとり教育を推し進めるエセ進歩主義者どもは、これをほめたたえる。だが、文部省が一方的に行う改革がよいもののはずがないではないか。

ゆとり教育と呼ばれるものの最大の問題点は、学力低下が起こっていることだ。このままでは日本は技術力を失って、二流国に転落してしまう。そうなると、先進国日本という神話も終わりとなってしまうのは目に見えているのである。

私は声を大にして言いたい。このままでは、日本はつぶれる。心あるものがいますぐ立ち上がって、日本の教育を改革しなければならない。そうしてこそ、我々の豊かで文化的な未来が築けるのである。

答イ　決めつけるばかりで、少しも説明していない。なぜ「エセ進歩主義者」はほめたたえるのか、なぜ学力低下が起こるのか、なぜ二流国に転落してしまうのか説明が必要。そもそも、「エセ進歩主義者」などという言葉を使うなど、独善的すぎる。これは小論文ではなく、演説だ。

f

少し前まであれほど誰もが持ち上げていた「ゆとり教育」の評判が、最近あまり芳しくない。ゆとり教育が悪い結果を生んでいると言うのだ。では、これからはゆとり教育を否定するべきなのだろうか。

確かに、日本社会は集団主義的傾向が強い。みんなが同じ価値観を持ち、同じように行動する。教育についても同じことが言える。妹の中学校の運動会では、みんなが同じ服を着て、同じ動きをし、その上、徒競走では順位がつかないようにゴール前で手をつなぐ始末だった。これでは、日本の将来はない。

集団主義を打破することが日本社会の急務である。集団主義は集団のみんなに同じ価値観を強制するため、民主主義にもふさわしくない。現在、かつてのような大集団ではなくなっているにしても、小さな集団を作って、別の価値観を持つ人間を排除し、除け者にするという傾向は変わっていない。

私は、日本は集団主義を捨てるべきだと考える。そのためにも、ゆとり教育が大事なのである。

答力　第二段落から「スリカエ」が起きている。「ゆとり教育」というテーマについて語らず、教育についての知識を披露しているだけ。最後に少し「つじつま合わせ」をしているが、これでは遅い。集団主義教育とゆとり教育の関係を示さないことには説得力がない。

g

最近の教育で問題になっているのは、ゆとり教育だ。義務教育でゆとり教育が行われているために、高校、大学で学生の学力低下が進むなど、様々の点で議論されている。

日本は明治以来、富国強兵、殖産興業という国家理念に基づいて子どもたちを教育してきた。そのため、生徒たちを均一的に教育し、上の者の命令で実直に仕事をするように育てたのだ。そのため、近年まで、詰め込みの一律教育が行われてきた。だが、もうそうした教育では、好ましくない。

ゆとり教育が大事なのは、第一に、ゆとりを重視することで、独創性が育ち、個性が育つからだ。第二に、情報社会に必要な独創性や個性を養成するには、従来の教育では不可能だからだ。第三に、ゆとり重視によって、子どもたちは受験という重圧から逃れられるようになるからだ。

以上の理由により、これからも、ゆとり教育を続けるべきだと考える。

答オ　第二段落までは悪くない。が、第三段落で羅列になっている。三つも根拠を上げるのでなく、一つに絞ってきちんと説明しなければ、説得力はない。

h

弟の友人に聞いた話だ。今年、国立大学の工学部に合格したのだが、受験で物理を選択しなかったので、基礎的な知識がなく、大学の授業についていけないという。新聞で読んでいたが、身近に存在するほどありふれたことだと知って改めて驚いた。

ゆとり教育という言葉は美しい。もし、ゆとりを重視し、強制的ではない授業をして、ディベートや実験が成り立ったらすばらしいだろう。しかし、能力もまちまちな生徒たちを相手に、高邁な理想の教育をするのは、難しいと言えるだろう。だが、難しいといって初めからあきらめていたのでは、いつまでも、教育はよくならないのではないだろうか。

ゆとりを重視するためには、まず教師の質を上げることだ。そのためには、競争原理を教師の間にも適用するべきだろう。わかりやすい授業をする人気のある先生、学識のある先生をそれにふさわしく待遇してこそ、優れた教育ができるはずである。

しかし、誰が優れた教師なのかという判断は難しい。生徒は冗談を言うだけの先生が人気で厳しい先生を嫌うかもしれない。ゆとり教育も難しい点をたくさん含んでいる。

答ウ　イエス・ノー両方の方向から書いているため、立場が曖昧な優柔不断な文章になっている。イエス・ノーどちらかの立場を決めて書かないことには説得力はない。

■原稿用紙の使い方

近年は、ワープロを使う人が増えてはいるが、小論文はもちろんレポートであっても正式なものであれば、原稿用紙に手書きで書くのが原則だ。提出する場合は、ワープロ原稿でよいかどうか確認しておく必要がある。

さらに、学校生活から離れている人は、原稿用紙から遠ざかることが多く、使い方を忘れている場合が多い。これを知らないと、常識を疑われることになりかねない。そこで、問題を出そう。

練習問題5

以下に示す文章には原稿用紙の書き方について誤りがある。それをすべて指摘してほしい。

ゆとり教育の向題として「学力低下」が言われる
。大学生の50人中15人までが小学生レベルの
分数ができなかったという報告を見た。ゆと
り教育を続けて良いものだろうか。
もちろん、ゆとり教育にも良い面がある。

解答例

a ゆとり教育の問題として b「学力低下」c が言われる
d 。大学生の e 50人中15人までが小学生レベルの
分数ができなかったという報告を見た。ゆと
り教育を続けて良いものだろうか。
a もちろん、ゆとり教育にも良い面がある。

---

a　基本中の基本として、忘れてはならないのが、書き出しと段落の初めは必ず1マスあけることだ。1マスあけないまま書き出したり、段落を替えた様子なのに、次の段落がマスをあけないまま始めるなど、論外。

b　楷書（学校で習った文字）で書き、草書などのくずし字や略字は避ける。

c　1マスに原則として一字を埋め、句読点（。、）や括弧類も1マス分を使う。段落替えの場合を除いて、すべてのマス目を文字か記号で埋める必要がある。原則として、何

も書かれていないマス目は存在しない。また、逆に、二つ以上の文字や記号の入るマス目も原則として存在しない。

d 行の最初に句読点や閉じ括弧などをつけないというのが原則だ。これらが行の最初にくるときは、前の行のマス目のなかに書き込む。

e 数字は縦書きのときは、原則として漢数字を用いることを知っておいてほしい。横書きの場合は普通は漢数字を用いるが、数量を言うときには算用数字でよい。そして、横書きの場合、算用数字とアルファベットは1マスに二字いれるのが慣用。

　ゆとり教育の問題として「学力低下」が言われる。大学生の五十人中十五人までが小学生レベルの分数ができなかったという報告を見た。ゆとり教育を続けて良いものだろうか。
　もちろん、ゆとり教育にも良い面がある。

4　もっと内容を深めるために

■メモをとる

小論文の書き方をマスターしたら、内容をもっと深めることを考えよう。

良い小論文・レポートには、メモが不可欠だ。時間制限のない場合はもちろん、大学入試や就職試験で時間制限がある場合も、いや、そうであればなおさら、メモをとる。もちろん時間のある場合は、資料を集めたり、取材したりする。

課題文や資料について書くことが求められている場合を除いて、まずは出された課題について思いついたことをメモしてみる。テレビで見たこと、新聞や本で読んだことなどを書き留める。

メモをとる場合、まず考えてほしいのが、課題となっていることの定義だ。

「ゆとり教育」という題で書く場合、ゆとり教育とは何かを考えるわけだ。そうして、ゆとり教育というのが、しばらく前から文部省が進めている教育のあり方だということを明確にするわけだ。

次に、今何が起こっているか、何が問題になっているかも考えてほしい。そうすることで、問題点を整理することになる。ゆとり教育への賛否が問題になっていること、ゆとり教育のために学力低下が起こっていると言われていることなどを思いつくだろう。

こうしたことをしっかりと考えれば、たとえ課題を見てすぐにどんな問題提起にするかを思いつかなかった場合も、「ゆとり教育は好ましいか」「ゆとり教育は学力低下をもたらすか」などといった問題提起が思い浮かんでくるはずだ。

そうして問題点を整理したら、知識を総動員して賛成と反対の両方の根拠を考える。上下か左右に分けて、イエスの根拠とノーの根拠を書き出していくといい。

その場合、できる限り、学校で学んだこと、新聞で読んだことなど、自分の持っている知識と結びつけるといい。

そうすると、「ゆとり教育によって、子どもたちは学歴主義や競争激化から逃れられて、独創性が得られる。ほんとうの学力は、ゆとりある教育から生まれる」「ゆとり教育は個人個人の個性を重視するので、押しつけではない教育が可能になる。かつてのような、個性を抑圧した競争から逃れられる」などの賛成論を思いつくだろう。

反対論としては、「ゆとり教育は、必要最低限の学力養成を放棄したことになり、学力低下を招く。学校は子どもが社会人として自立できるだけの学力をつけさせるべきだ」「ゆとり教育はエリートをなくし、技術力や文化を低下させ、つまりは国力を低下させることになる。エリートは必要だ」「ゆとり教育のために、若者は競争意識を失い、活気をなくしている。そして、消費するだけで、知識欲などをなくした生活をしている」「競争を重視した学習があってこそ、若者は自分の能力を自覚したり、限界を知ったりして、個性が生まれる。現在のゆとり教育ではむしろ個性は育たない」などが考えられる。

それが終わったら、文章の構成を考える。

メモというのは、とりあえず思いついたことを並べただけのものでしかない。文章にして、読み手にはっきり伝えるようにするには、メモを整理し、文章に使うものを取り出し、使わないものを捨てて、論理的に構成する必要がある。きちんと構成しておかないと、途中から別の話になったり、イエス・ノーが混乱したり、しり切れとんぼになってしまったりする。

論理的に構成する最大のコツは、先に記した「型」に当てはめて上手に構成し、欲張ってメモにとったものをすべて書こうとしないで、「型」から外れたアイディアを捨てることだ。

まず、［I・問題提起］を考える。次に、［Ⅲ・展開］に書くテーマを考える。字数が一〇〇〇字以内の場合は、メモのなかでもっとも鋭くて、知性をアピールできそうな内容を原則として一つ選ぶ。いくつも選ぶと論がまとまらなくなる。ただし、もちろん字数の多いときは、説得力のあるものをいくつか示すなどしてもよい。ただし、その場合も、羅列するのではなく、しっかりと説明を加える必要がある。

それが決まったら、次に［Ⅱ・意見提示］を考える。［Ⅲ・展開］で、たとえば、「ゆとり教育」に反対して、「ゆとり教育は、必要最低限の学力を放棄したことになり、学力低下を招く。学校は子どもが社会人として自立できるだけの学力をつけさせるべきだ」と書きたいとしたら、［Ⅱ・意見提示］では、それとは反対の意見を考慮して、「確かに、ゆとり教育によって、子どもたちは学歴主義や競争激化から逃れられて、独創性が得られる面がある。しかし、ゆとり教育には問題が多い」というように橋渡しする。

書きたいことが決まったら、それを箇条書きにして、段落ごとに書くことをまとめておくと、途中から論がずれるのを防ぐことができる。そして、実際に書くときには、そこに具体例や説明を書いて、肉づけしていけばよい。こんなふうに構成しておけば、時間制限のある小論文試験などの場合、下書きしなくて済む。参考書などには、下書きを必ずしろ、と書いているものがあるが、そんな必要はない。

八〇〇字以内で書く場合、次のように構成するといいだろう。

■これがメモ例だ

ゆとり教育を好ましいとする立場

［Ⅰ・問題提起］

ゆとり教育は好ましいか。

［Ⅱ・意見提示］

確かに、ゆとり教育のために、勉強をしない生徒が増えて、学力低下が起こっている。したがって、それについては対策が必要だ。だが、ゆとりを重視することは悪いことではない。

［Ⅲ・展開］

従来の勉強は、現代社会では通用しなくなっている。ゆとりを重視することで、独創性が育ち、個性が育つ。そうした勉強のほうが、現代社会に必要な、情報をキャッチし、それを分析する能力を養うことができる。

［Ⅳ・結論］

したがって、ゆとり教育は好ましい。

ゆとり教育に反対する立場

［Ⅰ・問題提起］

ゆとり教育は好ましいか。

［Ⅱ・意見提示］

確かに、ゆとり教育はこれまでの学力偏重を改めるには、好ましい面もある。しかし、全体的には、好ましいとは言えない。

［Ⅲ・展開］

ゆとり教育のために、勉強意欲が失われ、学力低下が起こっている。そのため、社会全体が、娯楽中心・消費中心になって、努力をすることがカッコイイことではなくなった。このままでは、日本人はただ消費するだけで、技術力を失い、国力が低下する。日本人はもっと学問を重視して、情報時代にふさわしい高度な技術と独創性を養うべきだ。

［Ⅳ・結論］

したがって、ゆとり教育は好ましくない。

■課題文の読み取りはノーを考える

小論文試験の場合、課題文がついていることが多い。大学入試はほとんどが、かなり長くて難解な課題文が出題され、それについていくつかの設問に答えた後、意見を書くというスタイルになっている。レポートも、大学の場合は、本などの資料を読んで、それについての意見を書くという形が大半だ。会社においても、取引先から提出された企画についてのレポートを書かされることなど多いはずだ。

このように文章についての意見が求められているときには、原則として、文章を正確に読み取らなくてはいけない。短い文章の場合、その文章のメインテーマを読み取れなかったら、課題文を理解していないことになってしまう。メインテーマ以外のことを書いたのでは、的外れになる。

長い課題文、あるいは本一冊についてのレポートの場合は、もちろん、その本の全体を取り上げることはできない。したがって、一点に絞って書く。その本の最大のテーマを取り上げるのが正攻法だが、それでは独自性を発揮できない場合には、いくつかのテーマのうち、自分の手に負えるテーマを選ぶのがうまい方法だ。たとえば、取引先からの企画についてのレポートを書く場合、全体の提案を理解した上で、企画理由や実行項目など、議論の分かれる点を中心に絞って、論を展開する。

いずれにせよ、文章は原則として、何かを主張、もしくは報告している。主張の場合は、それが正しいかどうか、報告の場合は、その内容が好ましいかどうかを論じればいいわけだ。

メインテーマを読み取ったら、とりあえずノーと言えないかを考えてみることを勧める。ノーの視点を考えないと、課題文を繰り返すだけの迫力不足の文章になってしまう。それでは鋭い知性をアピールできない。まずは、「ノー」の根拠を考えて、それに説得力があれば、真正面からノーで答える。

もし、説得力がなさそうなら、イエスで答える。しかし、その場合も、ノーの視点で考えたことが役に立つ。ノーの方向から考えたことを、［Ⅱ・意見提示］の「確かに」の後に使って、論を深めるわけだ。

たとえば、「人権を大事にするべきだ」という課題文に対して、小論文試験の場合、「そんな必要はない」と書くわけにはいかない。したがって、このような問題についてはイエスで答えるしかない。だが、だからといってイエスの方向からばかり書くと、空疎で浅はかな文章になってしまう。そこで、「確かに、人権保護には問題も多い。人権を重視しすぎるために、真実が究明できなくなっている面もある。……しかし、たとえそうであっても、人権を大事にするのが民主主義の基本だ」というようにまとめられる。

会社のプロジェクトについての意見が求められている場合も、まずはノーの要素をしっかりと考える必要がある。そうすることで、マイナス要素が明確になり、どのような点を注意するべきか、マイナス要因についてどのような対策が可能かを考える手がかりができる。企画の全体像が見えてくる。つまりは、論の説得力が深まり、鋭さと分析能力をアピールできることになる。

前述したように、ある意見が何に反対しているのかを捉えてこそ、その意見を正確に理解し、それについて賛成・反対ができる。そこで、次の文がどのような意見に対して反対しているかを推測する練習を行ってみよう。

練習問題6

ある人が次のように発言したが、この発言はどのような意見に反対しているのだろうか。考えていただきたい。

a 「英会話の上達のためには、英語の本をしっかり読んで、語法を身につけ、知識教養をふやすことが大事だ」

b 「歴史は偶然によって動いていく。織田信長が出現したために、日本は大きく変化した。もし、織田信長が出なかったら、日本の将来は大きく変わっていたはずだ」

c 「コンピュータは、すでに人間の力を超えている。だから、人間の命令に従うよりも、むしろ人間をマニュアル化する。個人の創意は失われ、ソフトにしたがって多くの人が一律的な思考をするようになる。個人の意思は無視され、コンピュータの指令によって人間が動くようになる」

解答例

a　「英会話の勉強には、会話になれることが大事だ」

b　「歴史は必然的に動く」

c　「コンピュータは個人の力を拡大し、創造性を高める」

練習問題 7

反論する力を養うための練習をする。以下のa～cの文章に、根拠を示した上で反論してみよう。

a　「おしゃべりの声は他人の迷惑になるので、携帯電話を公共の場で使うべきではない」

b　「文化は風土によって作られる。だから、日本の文化は日本の自然・風土に似て、温厚だ」

c　「大都会では地域社会が失われ、隣の人の顔も知らない状況になっている。それを改善するために、高齢者に多少のお金を払ってでも、町の役員になってもらって、とりまとめをして、地域の行事などを行うべきだ」

解答例

a　「現代人は寛大さを失って、他人の物音に神経質になる。昔だって、子供の泣き声、酔っぱらいの怒鳴り声などが、電車やバスのなかでは充満していたが、許し合っていたはずだ。もっと、携帯電話の音にも寛大になっていい」など。

b　「文化は歴史によって作られる。生活に基づいた風習は風土の影響が大きいが、外国文化にも影響を受ける。日本も、中国文化やアメリカ文化の影響が大きい」など。

c　「現在は地域社会が復活する兆しがない。それなのに無理に地域社会を作ろうとしても、負担が増えるだけで、むしろ、多くの人が息苦しさを感じる」など。

■実際に文章を作成する

各段落に何を書くか箇条書きにして、構成が終わったら、文章を実際に書き始める。箇条書きにしたものに肉づけしながら、字数を埋めていけばよい。

小論文・レポートの場合、文体よりも内容が勝負なので、書き出しに凝る必要はない。決まりきった書き出しで十分だ。

だが、どう書き出せばいいかわからずに、小論文・レポートが書けずにいる人も多そうだ。そこで、問題提起の書き出しの基本的なパターンを説明することにしよう。

❶ もっとも基本的なのは、文字どおり、疑問文で始める方法だ。「近年、ゆとり教育が問題になっているが、これは好ましいのだろうか」というような調子だ。少々そっけないが、これで十分に問題提起の役割をする。ただ、「……だろうか」という疑問文にすると、まるでノーと言いたいのだと思われてしまうことがある。それが気になるときには、「……かどうかについて、考えてみたい」とすればよい。

❷ もう少し字数を増やしたいときには、客観的事実で始めるとよい。「最近の新聞報道によればゆとり教育が問題になっているようだ。少し前から、文部省がゆとり教育を採り入れてきたが、今、それに賛否両論が起こっている。では、これからも、ゆとり教育をもっと推し進めていくべきだろうか」「ゆとり教育が疑問視されているようだ。ゆとり教育のために学力低下が起こっているという警告があちこちから発せられている。では、ゆとり教育は日本にとって好ましいものなのだろうか。考えてみたい」といった新聞やテレビの報道などの客観的な事実で始める方法だ。企業のレポートの場合は、「近年、わが社では、○○が問題になっている。

では、新製品の開発を急ぐべきだろうか」というように書き出せばよい。ありふれているが書きやすい。いつもこのパターンで書いてもいいだろう。

❸ いつも使えるとは限らないが、うまく使えば時にはいかにも論理的な文章になるのが、定義・分類で始める方法だ。たとえば、「ゆとり教育とは、文部省がしばらく前から始めている教育理念であり、ゆとりを重視し、受験競争に巻き込まれず、自主性や個性を尊重する教育のあり方である。今、このゆとり教育に賛否両論が沸き起こっているが、では、今後もゆとり教育を進めるべきだろうか」というように書く。「……とは、〜〜〜である」「……には三種類ある」「AとBの違いは……である」などの文で始めるわけだ。

❹ どの学部や会社の試験にも勧められるわけではないが、文学系、芸術系の大学や会社に有効なのが、個人的体験で始める方法だ。ただし、その体験は、必ずしも事実である必要はない。短く体験をまとめて、うまく問題提起を導入するのが腕だ。「私の従兄弟に中学生がいる。ときどき話をするが、先日、話を聞いて驚いた。ゆとりが大事だということで、今の学校ではルネサンスを教えていないということなのだ。このようなゆとり教育でいいのだろうかと、私は疑問を持った」といった具合に書けばよい。

❺ もう一つ、結論で始める方法もある。イエス・ノーの問題提起をせずに、初めに、「私は、しばらく前から文部省が推し進めているゆとり教育には反対である」「緊急に、新製品の開発

を行う必要がある」というように結論を言ってしまうわけだ。この方法は、結論を言うことによって、ある意味で問題提起をしていることになるので、この後はいつもどおり、「確かに、……。しかし……」というパターンで書いてよい。問題を提起しにくかったり、イエス・ノーの問題提起を思いつかなかったような場合は、この方法で書くとよい。ただし、力がつく前にこの方法を使うと、初めに結論を言ってしまって、後で書くことがなくなり、制限字数の半分くらいで終わってしまう傾向があるので注意が必要だ。

❻ もっとも高度なテクニックに、「ほのめかし」がある。わざわざイエス・ノーの問題提起を、「ほのめかす」だけにするわけだ。たとえば、「自然環境」という題を出されて、真正面から、「では、自然環境を守るべきだろうか」などと問題提起すると、ちょっと白ける。「ますます、自然環境の破壊が進んでいるようだ」「近年、やっと自然環境についての関心が高まってきた」と書くだけで、十分に問題提起となるはずだ。「ゆとり教育」について問われても、「現在、ゆとり教育が問題にされている」という程度にしておく。ほとんどのプロの書く文章はこの形になっているはずだ。ただし、少なくとも構成の段階ではしっかりとイエス・ノーの問題提起を考えておかないと、論点がぼやけてくる恐れがある。いずれにせよ、この方法は、かなり上達した後で使うほうがよい。

5　うまくなるための練習法

■転用術をマスターする

これまでの説明で、小論文・レポートの書き方はわかっていただけたと思う。では、これで、高度な小論文・レポートになるかというと、実は保証の限りではない。なぜなら、文章を書くには、何よりも知識、そして思索力が必要だからだ。

優れた小論文やレポートを書くには、知識が必要だ。だが、人間は無限の能力を持っているわけではない。とりわけ、現代人には時間がない。新たな問題について、それぞれの細かい知識を増やすわけにはいかない。

そこで勧めるのが、「転用術」だ。

転用術とは何かを説明するには、かつての教え子である生徒のことを紹介するのがもっともわかりやすいだろう。

あるとき、小論文に伸び悩んでいる教え子がいた。理由ははっきりしていた。知識が不足して浅いことしか書けないのだ。そこで、私は知識を増やすために、『ものぐさ精神分析』（岸田秀・中公文庫）を読むように勧めた。彼はその本が気に入ったらしかった。そして、そののち、彼の書くものは常に『ものぐさ精神分析』の有名なフレーズ「人間は本能のこわれた動物である」が入るようになった。

どんな問題だろうと、［Ⅲ・展開］になると、「人間は本能のこわれた動物である」が出てくる。「ゆとり教育」の問題だろうと、近代文明の問題だろうと、人間のアイデンティティの問題だろうと、常に、「人間は本能のこわれた動物である」。

もちろん、毎回うまくいくわけではない。突然、「人間は本能のこわれた動物である」という文が出てきて、それ以前の文章と無関係になってしまって支離滅裂になることもある。が、二回に一回ほどの割合で、うまくはまる。彼はこのテクニックのおかげで模擬試験でも好成績を上げるようになった。

結局、彼は本番の試験ではこのテクニックを使えずに、あえなく不合格となった。が、この彼の開発した方法は、実は非常に鋭いのではあるまいか。彼は一つのフレーズしか持っていなかった。だから、成功率は低かった。が、もっとたくさんの知識やフレーズを持っていたら、どうだろう。もっと自由に使いこなせたのではあるまいか。

つまり、転用術とは、他人の考えをストックしておいて、ほかの問題が出されてもそのフレーズを使って考えを深める方法だ。

私は彼のテクニックを邪道だとは思わない。もちろん、他人の考えをまるで自分の発見であるかのように書けば、「盗用」につながる。したがって、出典は明確にするべきだ。だが、きちんと著者名を示した上で、自分なりに論を発展させるのなら、これを使うことに後ろめたさを感じる必要はさらさらない。実は、文章を書くとき、私たちは彼と同じような作業をしているはずだ。

何かについての判断を尋ねられたとする。多くの人は、その問題について、いつも考えているわけではない。突然尋ねられてとまどっている。そして、あわてて、自分の頭のなかの引き出しを開けて、「使える知識」を探しているのだ。

たとえば、「教育」について「日本の教育は平等を重視するために、個性を殺している」という知識があったら、それを使って、「ゆとり教育」をどう判断するかを考えるだろう。「ゆとりを重視することで、もっと個性に応じた教育が可能になる」と考えられるだろう。それは事実か、証明できるかというように考えてほしい。そうすることで、論が深まる。

あるいは、「人間は本能のこわれた動物だ。本能の代わりをするのが文化であって、文化が本能のように機能している」という知識があるとする。それを使って、「ゆとり教育」を判断することもできる。「ゆとり教育を行うと、人間を本能のままにしてしまう恐れがある。教育というのは、社会の文化を子どもたちに受け継がせるためのものだ。したがって、むしろ、教育においては文化を押しつけるほうが良い」などと考えられるはずだ。少なくとも、それが考えるための手がかりになる。

要するに、人が判断し思索するということは、持ち合わせの知識をうまく使って考えているにすぎない。言い換えれば、「転用術」を用いているわけだ。

したがって、こうしたテクニックをもっと意識的に用いて、知識を増やしておくべきではあるまいか。そして、得意な分野を作り、様々な問題を得意分野に持ち込んで料理をすることを考えてもいいだろう。そうすることで、個性的で独創的な考えが生まれることもあるはずだ。

ただし、転用術は、両刃の剣という面を持っている。うまくいくとすばらしい文章になるが、失敗すると、強引に転用しようとして論理が崩れる面がある。したがって、しっかりとした論理力がつく前にこのテクニックに頼るべきではない。地道に知識を増やし、同時に論理力をつけて、その後で、このテクニックを使うことを勧める。

■新聞を活用する

では、どうやって、転用のもととなる知識を増やすのか。

まず勧めたいのは、新書などの手軽に読める本だ。読みやすく、値段も手頃だ。それに、一流の著者がわかりやすく書いている。関係のある分野を読んでおいて損はない。

そして、もう一つ勧めたいのは、新聞だ。

先ほど述べたとおり、新聞記事は小論文の手本になる。が、それ以上に、新聞を読むと、知識の補充に役立つ。自分で考えるための手がかりになる。つまりは、先ほど説明した「転用」の材料になる。

たとえば、自然環境や、学力低下についての文章が課題文として出題された場合、ふだんから新聞を読んでいれば、用語の意味やその背景を理解できる。読んでいないと、まったく歯が立たず、浅くて曖昧なことを書くだけで終わってしまうだろう。そして、新聞で話題になっている別のことが問われても、新聞記事から得た知識を手がかりにして考えられるだろう。

そのためだろうか、高校や予備校の小論文担当の指導者には、朝日新聞の「天声人語」や社説を毎日要約するという宿題を出す方が多いようだが、私は、それには賛成しない。もちろん、「天声人語」も社説もぜひ読んでほしいが、毎日、要約しようなどと思っていたのでは、新聞を読むのが苦痛になるだけではあるまいか。それに、そうしたことは、労力のわりには力がつくとは思えない。私はむしろ、新聞を楽しんで読むことを心がけるべきだと思う。そうすることによって、新聞が好きになる。「天声人語」も社説も、そして夕刊の文化面の学者や評論家の論説も、おもしろく読めるようになる。そうなれば、意識しなくても、小論文やレポートが得意になっているはずだ。

だが、私は、そんな苦労をするよりも、むしろ、投書欄を活用するほうが効率的だと考えている。

投書欄の文章は短いし、やさしい。だから、簡単に読める。しかも、これを読めば、読解力をつけるとともに、ある程度の社会的な知識を整理できる。それだけではない。投書を読んで、それに賛成意見と反対意見を考える練習をする。

小論文試験の場合、課題文を読んで、それについての意見を言うことが求められることが多い。つまり、もっと簡単に言うと、文章に賛成か反対かを言うのが小論文試験だ。賛成のときには、課題文の内容を補足する必要がある。反対のときには、課題文の内容との違いを根拠を示して説明する必要がある。投書は、その訓練に最適なのだ。

実は私は、なぜか中学ごろから、毎朝、学校に行く前に新聞を開いて、投書を読んで、それに反論する習慣をつけてきた。生意気な中学生だった私は、毎朝、「今日は、大人の投書に三つも反論できた。一つは歯が立たなかった。今日は三勝一敗だ」と思いながら学校に向かったものだ。そうするうち、一度、西日本新聞に投書して、掲載された。それも自信につながった。おそらく、そのときの体験が、今の私に生きている。

このように、毎日、賛成・反対を考え、時には実際に投書してみるのはどうだろうか。そうすることで、小論文・レポートの力は飛躍的に伸びると、私は考える。

練習問題 8

あなたは、「日本は集団主義的なムラ社会の風潮を残している。同じ価値観の人で集まり、別の価値観の人を排除し、個人意識が弱く、みんなで行動しようとする」という知識を持っている。その知識を上手に「転用」して、次の課題について、あなたの意見をまとめなさい。

a　「ゆとり教育」

b　「携帯電話の車内での使用について」

c　「現在のブランド志向」

解答例

a　「これまでの教育は、先生が生徒たちを集団的に教え込み、画一的な価値観を覚え込ませるものだった。ゆとり教育を行うことで、そのような教育から逃れて、一人一人の生徒に応じて、その能力を伸ばす教育ができる」「個性を重視するゆとり教育を行っても、日本は集団主義的傾向があるので、みんなが同じような行動を取るようになり、実際には機能しない」など。

b　「日本人は集団主義なので、個人意識が薄い。そのため、プライバシー意識も薄いし、公共意識も薄い。だから、平気で車内で携帯電話でおしゃべりをする。他人のおしゃべりを聞いても気にならない人が多い。もっと個人意識を持つべきだ」「日本人はもともと集団主義的な意識が強いのだから、車内でも、それほど角を立てずにみんなが和気あいあいとするべきだ。携帯電話を禁止するべきだと主張しているのは、個人主義意識の強い人であって、それは日本社会におしつけるべきではない」など。

c　「ブランド志向は、他者を模倣して、消費をしては豊かさを求めるという大衆社会に特有のものだ。日本では、みんな一緒という集団主義的傾向が強いために、ブランド志向が諸外国以上に強い」など。

練習問題 ❾ （中央大学総合政策学部　勤労者・社会人　二〇〇〇年度　入試問題より）

次の文章を読み、「機械と人間のかかわり方」について、あなたの考え方を八〇〇字から一〇〇〇字で述べなさい。

人間の特性は総合判断と創造性であると思います。しかし、これまでの機械システム開発の歴史を振り返ってみると、性能を上げることを最優先にしてきました。機械システムの革新に人間はやっとの思いでついてきた感があります。そのため、人間がもっとも不得意とする単調労働が増えてきたのです。なかでも機械を見守るというモニター労働に人間を押しこんできたわけです。システム開発に携わる技術者は、たいていが工学的発想で機械優先の設計に陥りがちでした。これからは、機械システムのなかで働く人間の生きがいや意欲を考えて、技術開発しなくてはいけない。数量化できない人間的な部分を設計に組み入れていかなくては、設計技術者の自己満足に終わってしまいます。いくら自動化が進んでも、そこで働いている人間が退屈であっては事故の誘因にもなりかねない。現実に、退屈だから、ちょっと変わったことをやってみようとして起こした事故もあるのです。

（柳田邦男『この国の失敗の本質』講談社刊より）

解説

課題文は短くて、ごくやさしい。

要するに、「機械は性能を上げることを最優先されているため、人間性を無視した技術開発が進められている。これからの機械は、人間の生きがいや働きがいを考えたものにするべきだ」と主張している。

至極もっともな主張なので、反論しにくいが、反論を探してこそ論が成り立つ。そうした上で、メモをとり、構成するとよい。

課題文に賛成の立場

［Ⅰ・問題提起］

これからの機械は人間の生きがいや働きがいを考えたものにするべきか。

［Ⅱ・意見提示］

確かに、技術者は、性能を上げることを考える義務がある。それを否定することは、技術の否定につながり、性能の向上が止まってしまうという面もある。しかし、このままでは、ますます人間は機械の補佐になってしまう。

［Ⅲ・展開］

▼機械の性能が上がると、機械が人間の能力を超えて、機械が主役、人間が補佐役ということになる。人間を主役に戻すためには、人間の役割を残す機械を開発する必要がある。そうしてこそ、健全な社会になる。

or 人間が生産をするための道具とみなされるために、人間までが機械の補佐にされている。この考えが続く限り、いくら機械を改善しても、生産性の劣る人間は機械の補佐にしかなれない。人間を生産のための道具とみなす生産中心の考え方を改め、福祉充実型の社会にし、機械をあくまでも人間の手助けをする道具とみなすべきだ。

or 機械をあくまでも人間の手足と考えて、頭脳としての人間の役割を残すべきだ。そうして、責任のある立場で人間が行動し、機械はあくまでもバックアップの道具として捉えるべきだ。

［Ⅳ・結論］

したがって、筆者の考えに賛成だ。

課題文に反対の立場

［Ⅰ・問題提起］

これからの機械は人間の生きがいや働きがいを考えたものにするべきか。

［Ⅱ・意見提示］

確かに、機械が主人、人間が補佐という状況は好ましいことではない。人間の独創性を残す機械が必要だ。だが、技術の発展に歯止めをかけるべきではない。

［Ⅲ・展開］

▼技術の本質は、人間の手足を拡大することであり、最近では、人間の頭脳を拡大するコンピュータも加わっている。技術の発達を止めることはできない。むりやり止めようとすると、技術立国・日本の立場が危うくなる。

or 技術者の夢は、技術をもっと発達させて、生産活動に人間が関与しなくて済むようにすることだ。そうすることによって、人間は人間らしく生きることができるようになる。それをめざすためには、もっと技術を発達させ、性能を上げるべきだ。

［Ⅳ・結論］

したがって、筆者の考えを実現するべきではない。

このような構成をもとに、それに説明や具体例を加えていけば、必然的に文章はできあがる。ここにそうして書かれた解答例を示す。

模範解答文

課題文は「機械は性能を上げることを最優先されているため、人間性を無視している。これからの機械は人間の生きがいや働きがいを考えたものにするべきだ」と語っている。では、課題文の語るとおり、これからの機械は人間の生きがいや働きがいを考えるべきだろうか。

確かに、技術の本質は、人間の手足の拡大であり、最近では、人間の頭脳を拡大するコンピュータも加わっている。この発展をとどめるのは難しい。技術の発達を止めることはできない。むりやり止めようとすると、技術立国・日本の立場が危うくなる。日本は高性能の機械を作り、ハイテク立国として世界市場で生き延びようとしている。その際、機械の性能をとどめるような試みは実現が難しい。しかし、抜本的な改革を行わない限り、これからも人間が退屈したための飛行機事故が増え、人間が機械の補佐をして生きがいを感じない仕事を続けざるをえなくなるのである。

私は現在の状況を改めるには、経済効率最優先の思想を改める必要があると考える。現在は、生産が第一であるため、人間までもが生産をするための道具とみなされている。そのために、人間が機械の補佐にされているのである。この考えが続く限り、いくら機械を改善しても、人間は機械よりも生産性が劣るのは当然である。したがって、人間は機械の補佐をするしかない。人間を生産のための道具とみなす生産中心の考え方を改め、福祉充実型の社会にし、機械をあくまでも人間の手助けをする道具とみなしてこそ、人間中心の社会になりうる。技術とは、たとえば、障害者や高齢者の行動を助けたり、自然を守ったりするために使うべきなのだ。

以上述べたとおり、これまでの生産中心の考えを改め、もっと人間中心の社会に改めるべきである。そのための第一歩として、機械優先の思想を改めるべきだと考える。

第三章　自己推薦書・志望理由書の書き方

1　自己推薦書は個性や熱意を強調して

入社試験では、「自己推薦書」や「志望理由書」が以前から定番だったが、最近、大学でも、推薦入試や社会人入試、ＡＯ入試（アドミッション・オフィス入試）などでこうしたものを書かせるところが増えてきた。「自己推薦書」だけのこともあるし、「志望理由書」だけのこともある。その両方の提出が義務づけられていることもある。いずれにしても、かつてのような、偏差値による大学選びではなく、何をしたいかを中心にする大学選びが可能になって、大学側も受験生の熱意や人柄を重視するようになってきた。このような文章選抜による入試も、その現れと言えるだろう。ところが、これらの文章の書き方に迷う人が多いらしい。そこで、少し書き方を説明しよう。

自己推薦書（自己ＰＲ書などとも呼ばれる）も志望理由書（あるいは、志望動機書などとも呼ばれる）も、ともに志望先に対して、自分に熱意と適性があることをアピールするための文章だ。したがって、熱意と適性を演出する必要がある。言うまでもなく、この種の文章を事務的に書いてはいけない。事務的に書くと、ほんとうにやる気があるのかどうか疑われてしまうだろう。

■どんな自己演出をするか決める

自己推薦書とは、要するに自分が志望先にふさわしい人間であることをアピールするための文章だ。

人柄や個性、熱意をアピールして、自分が大学や企業にふさわしい人間であることを説明しなければならない。大学・企業側は、受験生がどんな人物なのか、どれほどの熱意を持っているかを審査しようとしている。したがって、それに合う人柄や熱意を演出する必要がある。それをわきまえず、「これぞオレだ」と主張しても、ほとんどの場合、相手にされないだろう。

それには、まず大学や企業の求めている人材を知ることだ。

芸術系の大学、ベンチャー系の企業、出版社などは、ありふれた発想をする人材よりも、多少常識はずれであっても、独創的な発想をする人材を求めている。そうした大学や企業に対して、「真面目さ」や「堅実さ」をアピールしても、まったく評価されないだろう。逆に、医学部や医療系の企業で、個性やおもしろさをアピールしても、少しも評価されないはずだ。

大学や企業のパンフレットなどで、自分の志望先の求めている傾向を調べておく必要がある。必ず、そこには、求める人間像が書かれているものだ。ただし、企業の場合、パンフレットにいくら「独創性あふれる若者」「型破りの若者」と書いてあっても、おのずと限度がある。企業というのは営利集団であり、上下関係がある限り、学生のころのような自由さは期待できないものと思っていたほうがよい。

いずれにせよ、「敵」を知り、「敵」の求めに応じて、自分をどう演出するかを考えるわけだ。とはいえ、嘘をつくことを勧めているわけではない。

人には様々な面がある。一人の人間といっても、どんなにいい加減な人間でも、どこかに几帳面なところがある。真面目な面もあれば、いい加減な面もあり、反社会的な面もある。血液型性格判断などで、「あなたはずぼらに見えるが、実は几帳面で……」などと言われれば、ほとんどすべての人間がそれに当てはまってしまう。誰もが様々な面を持って、相手によって状況によって別の自分を演じている。

したがって、相手の求めに自分を合わせるとしても、それは決して、後ろめたいことではない。多様な自分のなかの、相手の求める部分を強調するにすぎない。そうやって、企業の求める人間を演出するわけだ。

しかも、大学や企業の側も、すべてをこなせるスーパーマンを採りたいと思っているわけではない。外国語も得意、数学も国語もスポーツも音楽も美術もパソコンも人づきあいも得意、やさしくて社会に関心があってみんなに好かれ……といった人がもし存在すれば、それはすばらしいかもしれないが、そんな人を大学も企業も期待していない。それよりは、人より優れた一つの能力があるかないかを見ようとしている。

そこで、まずは多様な自分のなかのどの自分を前面に出すかを考える必要がある。そして、もちろん、自分のなかに、志望先の求める要素が少しもなさそうなときには、別の企業や大学を探すほうがよい。もちろん、人間というもの、新しい環境に入ることで、思わぬ自分を発見することがあるが、それは稀《まれ》だ。そんな少ない可能性に生きる方向を見いだそうとしても、無理なことが多い。相手の求めるものと自分の重なり合う部分を探すほうがいい。

そして、文体もそれに合わせるといいだろう。個性や知性を売りものにする場合は、「だ・である」調で、人柄の良さを売りものにする場合には、「です・ます」のほうがアピールできる。また、「だ・である」にすると、高慢で「生意気」に見えそうだと思うときには、「です・ます」を選ぶほうが得策だろう。

■一つの売りものを決めて四部構成に

相手と自分の重なる部分を見つけたら、どれを売りものにするかを決めるべきだ。そして、原則として、それは一つであるべきだ。書く文章の字数が多いときでも、せいぜい二つにするといいだろう。

人間にはたくさんの長所がある。が、あれこれ言ったのでは、かえってこれといった特徴がなくなる。すべてに効く薬というのは、どれにも効かないということだ。そもそも、それでは魅力がない。

したがって、たくさん書きたいことがあっても、あれこれ挙げるべきではない。できれば一つか、せいぜい二つに絞って、それを詳しく説明する必要がある。そうしてこそ、熱心に説得できる。それ以外のことは、捨ててしまうつもりでいなければいけない。どうしても売りものにしたいことをいくつも伝えたかったら、履歴書に書き加えるか面接で口にするかだ。

ただし、自己推薦書と志望理由書の二つの書類を出す場合は、自己推薦書で「性格」を、志望理由書で「能力」をアピールするという方法がある。このように、二つの書類にそれぞれ「性格」と「能力」を、分けて書くわけだ。また、自己推薦書だけを提出する場合は、字数によって、たとえば八〇〇字以上のときには、性格と能力の両方を、八〇〇字以下のときには一方に定めて書くといいだろう。

いずれにしても、他人に負けない自信のあることを売りものにする必要がある。そして、もちろん、それは、志望している大学や会社で求められているものでなければならない。

難関校や学術的な企業などに対しては、知性を売り込み、自分に専門的な知識があり、思考力があることをアピールする必要がある。学歴のあること、それが世間で認められていることなども説明する。

芸術系の大学や出版社に対しては、個性的な自分を売り込む。少し非現実的でもよい。論理に飛躍があってもいい。そして、マイペースで自分の信念を曲げないタイプの自分を押し出す。

社会福祉系や看護系の場所では、何よりもやさしさを売り込むとよい。他人のためになることを喜び、自分の責任はしっかりと果たす自分をアピールする。

スポーツ重視の大学やこれから伸びようとしている企業では、タフでファイトが表に出る人物を演出するとよい。志望理由書も、それにふさわしく元気に明るく書く。

このように、求められている人間像に合わせ、また自分のキャラクターに無理のないように、自分を演出するわけだ。

言うまでもないことだが、医学部に入学しようとしているのに、「体力」を売りものにしたのでは、採点者も困るだろう。もちろん、医者に体力は不可欠だろうが、医療についてのしっかりした考え方と沈着冷静で知的なことをこそアピールしてほしいものだ。

こうして、売りものにすることが決まったら、それを中心にして構成する。ここでも、小論文や作文と同じように四部構成を使うと書きやすい。

［Ⅰ・自分の長所をずばりと書く］

「私は、○○に自信がある」「私は、○○な性格だ」といったことを書く。日本人は自分を売り込むのに消極的すぎる面があるため、恥じらって、きちんと書かない傾向がある。が、それではむしろ、じめじめしてしまう。どうしても、謙虚でいたいと思うのなら、「○○だけには自信がある」というようにするといいだろう。

［Ⅱ・自分の長所の裏づけを書く］

ここでは、どれほど、Ⅰで書いたことが事実であるかを示す。つまり、ここで「裏づけ」を示すわけだ。能力を売りものにするときには高校（大学）時代、あるいは転職志望者は前の会社での実績を中心にするとよい。もっともオーソドックスなのは、「大会に入賞した」「学生時代にパソコン教室で教えたことがある」「前の会社では、北海道地域の販路拡大をした」などだ。そのような活動がまったくなければ、「趣味」を書くこともできる。音楽関係の会社を志望している場合は「中学生のころから音楽が生き甲斐だった」、文学関係を志望しているときには、「読書量には自信がある」というように書くこともできる。性格を売りものにする場合には、それを示すようなエピソードを書く。「こんなことがあった。それほど、私は我慢強い性格だ」というような書き方だ。

［Ⅲ・自分の長所がいかに仕事に適しているかを書く］

その長所がどのように志望先に役立つか、長所を生かして大学・会社でどんなことができるか、どんな分野で自分を生かして勉強や仕事に専念できるかを示す。「私の真面目さは、誘惑に動かされない。しっかりと勉強する自信がある」「私のタフさは、若い貴社にとって絶対に戦力になる。何ものにもへこたれないタフさによって、得意先を開発できる」「私の持っている○○の力は、御社の海外活動の力になれる」というようにまとめるといいだろう。

［Ⅳ・大学・会社に入るに当たっての覚悟を書く］

簡単に言えば、「全身全霊を込めて、勉強（仕事）に当たりたい」といったことを書くとよい。

2 志望理由書は「したいこと」を明確に示す

■したいことを一つにまとめる

これまで説明してきたとおり、自己推薦書とは自分の長所をアピールして志望先にふさわしい人材であることを示す文章だった。それに対して、志望理由書とは、基本的に、志望先でしたいことを書くための文章だ。一言で言えば、「私は○○をしたい。そのためには、△△がもっともふさわしいので、志望したい」ということを書くのが、志望理由書だ。

したがって、志望理由としてもっとも好ましいのは、「○○をしたいために、△△に入りたい」というように、「したいこと」を明確に示すことだ。それがはっきりしていると、熱意があるとして高い評価が得られることになる。

自己推薦書と志望理由書の両方の提出が求められているとき、まず考える必要があるのは、二つの書類で書く内容をどう振り分けるかだ。自己推薦書でアピールした自分の長所と、志望理由書で書く「したいこと」は連続したものであるほうが好ましい。無関係のことだったり、場合によって矛盾したりすると、説得力を失ってしまう。二つの文書は重なり合いながら、補完しあうように書くといいだろう。つまり、「私の長所は○○だ」と自己推薦書で書き、志望理由書では、「その○○を使って、△△をしたい」と書くわけだ。

志望理由書の場合も、自己推薦書で自分の売りものを限定したのと同じように、「したいこと」を一つにまとめるのがコツだ。したいことがいくつもあっては説得力がない。

「英語もフランス語も勉強して、心理学も勉強して、経営を知って……」「地方で営業して、海外にも出て、若者にも高齢者にも売れるようなものを開発して……」というように、欲張って一〇項目も並べるのでは、説得力がない。このように書く人は、学ぶ熱意をアピールしようとしているつもりかもしれないが、読むほうは、むしろ安易さを感じてしまう。たくさんしたいことを書くということは、特に人様に言えるようなしたいことがないということだ。一つか二つに絞って、できるだけ詳しく説明してほしい。一つに絞って書いてこそ、熱意が伝わる。あれこれ書くと、どれも薄まってしまう。それでは、熱意が伝わらない。

したいことを定める場合も「敵」を知ることが大事だ。敵を知って売り込むには、まったく異なった二つの方法がある。

第一の方法、それは、志望先の自慢にしていることとからめて、「したいこと」を定めることだ。たとえば、志望している大学が、コンピュータを使う情報学を重視しているのなら、それとの関連で、「将来、コンピュータを使って、経済分析をするような仕事に就きたい」などというふうにする。会社を志望しているのであれば、「貴社の〇〇という商品(あるいは業務内容・企業理念)に感銘を受けたので、その分野で働きたい」という形にする。

この場合、志望先が自慢に思っていることを明確に指摘する必要がある。志望先の内部の人間は気づいていないが、考えようによっては大きな魅力となるようなことを示せれば、それがもっとも良い。内部の人がそれを読んで、「なるほど、言われてみれば、そうだな」と思わせたら、勝負あり。

第二の方法、それは、あえて志望先が弱点としているところに目をつけることだ。この方法はやや高度なので、誰にでも勧められないが、勝負をかけてみるのもいいだろう。どの大学も企業も弱点を持っている。「カリキュラムには自信を持っているが、設備が整っていない」「設備はいいが、教授陣がいまひとつ」「○○学部という名をつけてはいるが、流行に乗ってそんな名にしただけで、内実は、昔ながらの△△学部でしかない」などという大学の弱点や「国内では強いが、外国ではさっぱり」「小型製品の部門でライバル会社に大きく水をあけられている」などの企業の状況がある。

そうしたところでは、なんとかしようと改善をはかっているはずだ。したがって、弱点をうまく突いて、たとえば「これまで教授陣がいまひとつだったが、今、教授陣の充実をはかっている」という大学に、「本で読んで大好きな教授がいるので、その先生について勉強したい」というふうに「したいこと」を定めるわけだ。また、企業の場合は、「そこが弱点なので、そこに自分が入ってがんばりたい」という方向で考える。こうすることで、独自な視点が得られ、説得力が増すことがある。

転職志望者の場合、志望企業の弱点を分析し、自分ならどのような対策を取るかを説明し、そのためにどんな活動が必要かを少し匂わせるといい。もっとも、あまり書きすぎると、もしそのアイディアがすばらしいものだとすると、そのアイディアだけ取られて、内定はもらえないということになりかねない。具体的なことを言いすぎないなどの工夫は必要だろう。

ただし、転職志望者以外の「新人」の場合は、調子に乗って専門的なことを書きすぎるのは危険だ。読むほうが専門家なのだから、「素人のくせに」という感想を持たれてしまう。あくまでも、素人としての謙虚さは示しておく必要がある。とりわけ、企業を相手に、「御社は〇〇の面でA社に後れを取っている。その原因は△△にある。だから、こうすればいい」といった提案をすると、それがよほどの独創的なアイディアならともかく、そうでないのなら、しばしば、「釈迦に説法」という形になるだろう。

いずれにせよ、前もって志望先についてきちんとした情報を手に入れておくほうがよい。大学などの場合は、パンフレットや大学案内などを見る。会社の場合は、『会社四季報』（東洋経済新報社）やインターネットのホームページなどを見るといい。特に、ライバル大学・会社と比べてみると、その点が明らかになる。ライバル大学・会社の長所は、多くの場合、志望先の短所というふうに、ほぼ捉えることができるはずだ。

このようにして調べた結果を、自分の長所やこれまで学んだことと関連させて考えて、「したいこと」を決めるといい。「高校（大学）で〇〇を学んで、興味を抱いた。貴大学（貴社）は、〇〇の点で優れた業績があると思う。機会を与えられたら、懸命に努力して、自分を深めたい」という形がもっとも一般的だ。

■志望理由書も四部構成で

志望理由書も、これまで用いてきたのと同じような「型」を用いると書きやすくなる。

［Ⅰ・「したいこと」をずばりと書く］

「私は、〇〇をしたいために、△△大学（会社）の入学（入社）を志望する」というように直接的に書く。目標としている研究や仕事があれば、それをはっきりと書くほうがよい。

［Ⅱ・志望するようになったきっかけ］

ここで熱意を示す。「子どものころからその仕事が夢だった」「本を読んで魅力を感じた」「高校（大学）で、それを学んだ」「貴社の△△の活動に感銘を受けた」などが、もっとも書きやすい。

［Ⅲ・具体的にしたいこと］

大学や会社でしたいことが決まっているときには、ここで、具体的に内容を書く。「社会福祉の理論や実践について深く学んで、将来の職業にしたい」「心理カウンセラーとして働くために、心理学を臨床の立場から学びたい」「大学で勉強した○○を生かして、△△の仕事をしたい」などの説明が好ましい。内容をしっかりと見定めていること、知識がきちんとあることを示すのがポイントだ。ただし、なかには、「がむしゃらに学びたい（働きたい）」という熱意だけで、何をどうしたいか具体的なイメージを持てない人もいるだろう。そんな人は、これからしようとしていることが、いかに将来的に有意義であるかを説明すればよい。

［Ⅳ・志望大学・会社の良い点］

志望している大学や会社が自分の「したいこと」に合っていること、勉強や仕事に最適の場であって講座や設備が整っていることを説明する。ここで、しっかりと志望校・志望会社について知識を仕入れていることを示す必要がある。そして最後に、学校や会社に入ってからの覚悟を加えるとよい。「私は全力で仕事に当たりたい」といった具合だ。

ところで、難関大学や大学院でかなり長い字数の「研究計画書」を提出させられるところが増えている。そのような文章は、志望理由書と小論文の中間と思えばよい。

つまり、［Ⅰ・したいこと］と［Ⅱ・志望のきっかけ］については、志望理由書と同じように書く。Ⅱで研究を思い立ったきっかけとして、「あるものを見て、疑問に思った」「本を読んで、関心を持った」「講演を聞いて、関心を持った」「自分の体験を生かして考えたいと思った」というように書くと、説得力が出る。

そして、［Ⅲ・具体的にしたいこと］で、研究テーマについて具体的に書く。まず、すでにある程度関心を持って知識があることを示す必要がある。そして、この後、その問題のどの点に焦点を絞ってアプローチしたいか、どんな仮説を持っているかを示す。それによって、何を明らかにしたいのか、それが社会、あるいは自分にとってどのような意味があるのかといった巨視的な視点も示す。二〇〇〇字ほどの制限字数の場合は、ここで段落をいくつかに分けて、一四〇〇字ほど使うつもりで書くとよい。

なお、志望理由書として説得力があるかどうかも、勉強する熱意、働く熱意があるかどうかにかかっている。口先だけでなく、ほんとうに熱意があることを示してこそ、説得力のある志望理由書になる。とはいえ、どうやって熱意を示すかというと、人によっては難しい。そこで、次のような工夫をするとよい。

まず、もっとも簡単なのは、［Ⅱ・志望のきっかけ］で、なるべくありきたりでないことを書くことだ。その学部や職業を志望した理由にリアリティがなくては、読む人に訴える力が弱い。たとえば、「ナイチンゲールの伝記を読んで、看護婦になりたいと思った」という文章では、むしろ、真剣さを疑ってしまう。ナイチンゲールの伝記を読んだのがほんの小さいころで、それをきっかけにして、ずっと看護に関心を持ってきたというならいいが、そうでなければ、説得力がない。「金八先生のドラマを見て、先生になりたいと思った」というのも、あまりに単純で現実を知らない。もっと、自分だけの、心に響く出来事を書いてほしい。

また、Ⅱは、できるだけ具体的に書くことが必要だ。どんなきっかけで、それを学びたいと思うようになったのかを具体的に書いてこそ、訴える力が出る。「本を読んで心惹かれた」で済ますのでなく、その本のどんなところに打たれたのか、なぜ惹かれたのかを字数の許す限り詳しく書く。出来事を書く場合は、どんなことが起こって、それについてどう考えたかを説明する。具体的なほうが現実味が生まれる。

そして、［Ⅲ・具体的にしたいこと］で、知識を示すとますます説得力が生まれる。その分野についてきちんとした知識を持っていることを示す必要がある。そうしてこそ、本当の熱意が伝わる。

「国文科で古典を学んで、古文の教師になりたい」「デパートに入りたい」と書いているのに、誰もが考えているような曖昧なことを言うばかりでは、説得力がない。「源氏物語の○○という登場人物の……の行為に関心を持った。これから、源氏物語をもっと読み、それを生徒に伝えたい」「デパートは高級志向になりすぎて、文化の発信地としてのデパートという本来の役割を忘れてしまった。もう一度、文化の発信という原点に戻るべきだ」などというように、知識や問題意識を示す必要がある。

3　自己推薦書・志望理由書は、面接とセット

■好まれる人格をアピールする

自己推薦書にせよ、志望理由書にしても、自分が好まれる人材であることをアピールする必要がある。とりわけ、会社の場合、ともに仕事をするのに耐えられる人間であることを示す必要がある。どんなに優れた能力を持っていても、人間性に問題があるようでは、採用してもらえない。大学などでは、それほど神経質になる必要はないが、もちろん人格的に問題があると判断された場合は、大きな不利になる。

そのため、過激なこと、不真面目なことは書いてはいけない。

小論文や自由作文の場合は、鋭い文章が好まれる。そのため、やや過激で反社会的な面があっても評価されることがある。が、自己推薦書や志望理由書では、何よりも、真面目さを装う必要がある。「勉強したくはないが、みんなが大学に行くから、自分も行くだけだ」「高校のころ、煙草を吸って叱られたことがある」「テレクラに電話をしてみた」など、言語道断。やる気があって、真面目で積極的、という態度を示す必要がある。

また、人間関係を上手に作れることも大事な売り込みの要素だ。付き合いができず、周囲と衝突しそうな人間では、大学も企業も合格・採用に二の足を踏んで当然だろう。「高校時代、周りが嫌なやつばかりで、孤立していた」などといったことを自己推薦書や志望理由書に書かないほうがよい。それだけで、人間性を疑われてしまう。芸術系・文学系ならともかく、医学部・医療系・福祉系などでは、円滑な人間関係を結べることが重視される。したがって、人づきあいの良さもアピールしておく必要がある。

面接でのことだが、私の教え子にこんな話を聞いた。その女子生徒は社会福祉系の学校志望だった。真面目で熱心で、勉強もよくできて、しっかりした小論文を書く生徒だった。その生徒が面接で「どんなテレビ番組が好きか」と尋ねられたと言う。彼女は、「テレビは見ません」と答えた。すると、面接官は「ほかの人がテレビの話をしているときには、話が合わないんじゃないの？」と尋ねた。彼女は、「そんな馬鹿な人とは付き合いません」と答えたという。

彼女は小論文がうまく書けたということで、合格することを確信していた。が、不合格だったという話を後で聞いた。私は、面接でのテレビについての問答がマイナス材料になったのではないかと推測する。「馬鹿な人とは付き合いません」と言い放つような人間では、苦しんでいる人たちと苦楽をともにしていくことなど不可能なのだ。寛大で、ほかの人の面倒を見て、自分と無関係な話題でも楽しんで話せるような人でないと、献身的に人の世話をすることは難しい。面接官はそう考えたのではあるまいか。

このように、人づきあいが良い、というのは、大事な要素なのだ。とりわけ、チームで活動するような部門では、気をつけておく必要がある。

もう一つ大事なのは、謙虚さだ。

あくまでも新人として大学・企業に入ろうとしているのだから、偉そうな態度を示すべきではない。教えを得て、懸命に頑張ってこそ、一人前になるということを自覚しておく必要があるし、それを示す必要がある。自己推薦書にせよ志望理由書にせよ、「Ⅳ・志望大学・会社の良い点」で、そうした覚悟を示すといいだろう。

「近くにあって交通の便がいいから、貴大学（貴社）を志望する」というのももちろん失礼きわまりないので、書いてはいけないが、逆に、お世辞をべたべたと並べる文章も同じくらい不合格文章だ。「子どものころから、憧れていた」などといったことをいくら書いても、あるいは、「貴大学は設備も充実し、教授陣も評価の高い方ばかりで……」「貴社は一流で、社会的な評価も高く……」といったことをいくら並べても、説得力はない。大学や会社内部の設備の充実度や評価は問題点も含めて、中にいる者がいちばんよく知っている。それをほめられたところで、中にいる者はうれしいものではない。最後に少しだけ触れるのはいいが、それだけにすること。

■エサをまく

自己推薦書や志望理由書は、しばしば面接とセットになっている。これらの書類を前もって提出しておいて、面接を受けるというのが、もっともふつうのあり方だ。

したがって、自己推薦書や志望理由書に何を書いたか忘れた、など論外。相手はそれを見て面接に望むのだから、そのつもりで対策をたてておく必要がある。

自己推薦書や志望理由書は、ある意味で面接の準備のための書類として考える必要がある。言い換えれば、これらの書類は、面接をうまく運ぶための資料と考えるべきなのだ。

ここでは、面接については詳しく述べないが、面接に「勝つ」には、自分のペースに相手を巻き込むことだ。相手のペースに乗って、質問されたことに一言ずつ答えていたのでは、合格や内定はおぼつかない。自分のペースで話をしたほうが勝つ。いや、これは面接に限らず、人と交渉するときの最大のコツでもある。

したがって、自己推薦書や志望理由書には、面接官が質問したくなるようなことをいくつかまいておく必要がある。「剣道の試合でアメリカに行ったとき」と書くと、「どんな試合のためにアメリカに行ったの？」と尋ねたくなる。「クラシック音楽が好きで、いつも音楽を聴いている」と書くと、「好きな作曲家や演奏家は誰？」と聞きたくなる。「文化祭では、工夫をして人気を集めた」と書くと、「どんな工夫をしたの？」と聞きたくなる。

このような「エサ」を三つくらいばらまいておくと、面接を自分のペースで進めることができるはずだ。三つほどまいておけば、一つくらいは食いついてくるはずだ。四つ以上エサをばらまくと、こちらの魂胆がばれて、わざとらしくなる。三つが適当だろう。

ただし、もちろん、これらの質問がなされたら、待ってましたとばかりに答えなければならない。「クラシック音楽が好きで、いつも音楽を聴いている」と書いて、「好きな作曲家や演奏家は誰？」と聞かれたら、これは最大のチャンスと思わなくてはいけない。ここで、あまりに低レベルな内容を答えると、むしろ評価を下げてしまう。「好きだ」と書いたのなら、マニア・レベルのことを答える必要がある。

■武器を最大限に利用する

自己推薦書はもちろん、志望理由書でも、自分の武器を最大限に活かすことを考えるべきだ。自分に何か突出したものはないかを考えてみる。もちろん、それは必ずしも留学体験がある、コンピュータのソフト開発ができる、英語が堪能、などといった長所である必要はない。他人と違った経験があったり、他人と違った境遇だったりしたら、それをできる限り、武器にすることを考えるべきだ。

孤島に育った、経済的に苦しかったことなど、様々なことを自分の武器として活用する。そして、ほかの人とは違う発想ができるとアピールする。たとえば、孤島に育ったというのは、実はものすごいことだ。都会育ちの人の知らないことをたくさん知っている。そのような人が環境保護を訴えると、都会人が自然を知らないまま訴えるのとは違った重みがある。そうした武器を利用しない手はない。

女性であるというのも、考え方によっては、一つの武器だ。

女性が企業に入ろうとする場合、今のところ、多くの企業では、残念ながらそれだけでマイナス材料となる。が、それも一つの武器と考えるべきなのだ。もちろん、女性は世の中の半分を占める。だから、女性であることは、実はそれほど強力な武器とは言えない。だが、まだ女性であることを逆にアピール材料とする人は少ない。だからこそ、真正面から女性であることを武器にすることができる。

面接で尋ねられそうなことが決まっているのだから、それ以前に提出する志望理由書でも、それを切り口に自説を語ればよい。もちろん、フェミニスト的なことを書くのは、大学や短大、教育関係や人権関係の機関を除いて、一般企業では歓迎されない。女性であることとその仕事の接点を見つけ出して、女性ならではの視点で取り組めることを強調するとよい。たとえば、私の教え子に、主婦感覚と介護経験を前面に出す文章を書いて、社会人としてみごと大学に合格した女性もいた。

とはいえ、あまり前面に出すべきでないのは、宗教と政治だ。これについては、自己推薦書でも面接でも、触れる必要はまったくない。そもそも学校や会社の面接などの場では、宗教や政治などについて厚生労働省などの指導もあり、質問してはならないことになっている。むしろ、もし聞かれたら、「申し訳ありませんが、今のご質問には学校の指導で、お答えできません」と答えるほうがよい。

そんなことよりも、面接者が興味を引かれること、「そんな生き方があったのか、さぞ大変だっただろう」「こういう人であれば、別の価値観を示して、新しいことができるだろう」「なるほど、世のなかをそのように見てきた人なら、戦力になるに違いない」と思わせるようなことを、自己推薦書には書くべきだ。

以上のような点を踏まえ、自己推薦書と志望理由書を模範例として、示すことにする。もちろん、志望先も自分の性格も違うので、これをそのまま手本にすることはできないが、文章の展開の仕方は参考になるはずだ。

模範例文

自己推薦書（就職用）

私の長所は、じっくりと考え、感情の起伏なく真面目に物事に取り組むことである。

私は大学の三年間、オーケストラ部に所属してヴィオラを弾いてきた。好きな楽器によって性格がわかるとよく言われるが、ヴィオラは目立たず、主旋律の伴奏をすることが多く、野球で言えば、ピッチャーを支えるキャッチャーのような存在である。私もヴィオラ向きのじっくり考える性格だと言われる。三年生の時、学校からの部費が削られ、部員の持ち出しを加えても資金が不足して、定期演奏会が開けそうにない状態になったことがある。あきらめようとする人が多いなか、私たちヴィオラ奏者が中心になって、カンパを募ったり、パンフレットの広告を依頼したりして、費用を捻出した。そして、それを毎年続けるように組織した。

このような性格は、企業のなかでじっくりと仕事をする場合、大きな力になると私は考える。私はあきらめることなく、仕事に取り組む。一時的な華やかさよりも、全体のバランスを重視する。それでいながら、なくてはならない存在でありつづける。

私のような存在が、御社にはもっとも必要であると、私は考える。私のような存在に生きる場所を与えてくれれば、私は全霊を傾けて働くつもりでいる。

志望理由書（就職用）

私は御社の海外での活動に魅力を感じています。とりわけ、東南アジアでの活動に刺激を感じます。私が御社に入社できたら、東南アジアでの活動に全力を注ぎたいと考えます。

私は大学で政治学を専攻してきました。特に興味を持ったのは、アジアの工業化の将来です。ゼミでもアジアの民主主義の成熟について勉強してきました。東南アジアは私のもっとも好きな地域であり、大学時代にはタイとラオスの旅行にも行きました。その後、現地の人々に喜ばれ、しかもそれが日本のためになるような共存の道はないかと、ずっと考えてきました。御社での仕事は、私の長年の夢をかなえる手段だと言えるでしょう。

私が東南アジアでしたいのは、現地の人と会社との仲介です。現地の人にも喜んでもらえて、その国の民主化の役に立つことが、日本企業が発展する最大の方法だと思います。現地の人々の雇用に役立ち、現地の人を満足させてこそ、現地の人は日本企業を自分たちのものとして認めてくれます。そして、民主化することによって、日本企業も安心して投資ができます。日本企業が現地の人とともに働き、民主主義の考えを浸透させることが、日本企業が成功するために絶対に必要なことだと思います。

もちろん、私が思うほど簡単にはいかないでしょう。しかし、自分の選んだ道ですので、必死の思いでしがみついて、仕事に当たりたいと思います。

練習問題10

あなたは、中学生のころから外国の音楽や映画や小説が好きだった。読書量には自信がある。英語も得意で、中学・高校と英会話の勉強をしていた。今、翻訳者を夢見て○○大学文学部に入ろうと思っている。自己推薦書と志望理由書をそれぞれ七○○字程度で書いてください。

解答例

自己推薦書

私は好奇心が旺盛で、様々なものに関心を持っています。特に、欧米の小説や映画に関する知識には自信があります。

私は中学生のころから、外国の音楽や映画や小説が好きでした。アメリカのポップス音楽に関心を持ったのをきっかけに欧米の文化に親しむようになって、映画や小説も好きになりました。中学生時代に特に感動したのは『アンネの日記』です。自分がアンネになった気分になって、しばらくうなされたほどでした。その後、シェークスピア全集やコレットの小説など、かなりの本を読んできました。

私は様々な文化を知りたいと思っています。もっともっとたくさんの作家の思想や感受性を学んで自分を豊かにしたいと思っています。そして、それをするためには、文学部が最適な勉強の場だと思います。まだ、私の知識は高度なものではありません。読んでわからない本もたくさんあります。映画は得意ですが、たとえば舞台芸術や伝統芸能に関しては無知です。しかし、持ち前の好奇心と文化に対する関心で、文学部の勉強に取り組めると思います。

文学部の○○先生の著書は以前読んで感銘を受けました。できたら、○○先生に教えを得て、文学の勉強をしていきたいと思っています。

志望理由書

私は翻訳家になりたいと考えています。そのため、○○大学文学部を志望します。

私は中学生のころに、『アンネの日記』を読みました。ユダヤ人の少女の多感な心の動きと悲しい境遇に涙を流しました。が、それ以上に、心を打たれたのが、言葉の美しさでした。言葉だけでこんなに人の心が動かせることに驚いたのです。それまでテレビや映画を見て泣いたことはありましたが、本を読んで泣いたのは初めてでした。その上、それがもともと外国語で書かれたものだったことに気づいて、外国語を日本語にして人々を感動させる素晴らしさを感じました。

私はこれから、ますます翻訳家という仕事が必要になると考えます。コンピュータによる自動翻訳が可能になっているそうですが、文化の違いを理解して、きれいな日本語に改め、読む人の心を動かすような翻訳は、そう簡単にできるとは思えません。社会の国際化によって、外国の文化が日本に、今まで以上に入ってくるようになるでしょう。翻訳を通して、日本人は世界中の文化を取り入れるはずです。そうして、日本人は様々な価値観を得て、豊かな文化を得ることになるでしょう。私は、日本文化がもっと豊かになるためにも、外国文化を翻訳によって紹介することが必要だと考えます。

翻訳家になるには、語学の勉強はもちろん日本語の勉強、様々の文化を知って教養を身につけるための勉強が必要だと思います。まだまだ力が不足ですが、私は、○○大学の恵まれた環境のなかで精一杯努力していきたいと考えています。

第四章　作文・エッセイの書き方

1　作文・エッセイを書こう

■作文は子どもが書くもの？

作文というと、子供の書く文章だと思われているようだ。そのため、軽く見られているふしがある。が、どうして、作文というのは、奥の深い文章なのだ。エッセイや新聞のコラムなどは、まさしく作文にほかならない。

入社試験でも、作文は定番だ。最近は小論文が増えてきたとはいえ、まだまだ多くの企業で「愛読書」「私の性格」などの題で作文を書かせる。とりわけマスコミ関係の会社などでは、しばしば、「七転び八起き」「空」といった抽象的な題を出して、個性的な自由作文を書かせようとする。

それだけではない。社内報や地域の文集などで文章を頼まれる場合、それはほとんどの場合、エッセイであり作文だ。新聞の家庭欄や日曜版などに載る身辺雑記も作文・エッセイだ。インターネットに個人のホームページを作って、自分の日常生活を書いている人も増えているが、それももちろん作文であり、エッセイだ。「意見」を主張するというほどのことではない。ただ、自分の考え、自分の日常を他人に話し、仲間を作りたい、そんなときに効果を発揮するのが、作文やエッセイだ。

エッセイを書けるということは、人生を知り、それを言葉で綴ることができるということだ。つまりは、教養ある人間だということだ。作文やエッセイを書くことによって、自分の思いや人生観を伝え、言葉をいじる喜びが味わえる。いや、それ以前に、自分の人生観を明確にして、自分の考えを再確認できる。

是非、多くの人に作文・エッセイを書いてもらいたいものだ。自分の思いを家族や友人、知人にエッセイという形で伝えるのも粋ではないか。そして、インターネットやミニコミ誌や地方新聞などに是非とも自分の意見を書いて、自己表現の場を開いていただきたいと思う。そして、文章がたまってきたら、エッセイ集を出すというのはどうだろう。もちろん、有名出版社から出すエッセイ集である必要はない。自費出版でも、ワープロの文書を綴じただけのものでいい。自分の思いの伝わる文集にして、親しい人に読んでもらうのも楽しいものだ。ただし、もちろん、人に文章を読んでもらうということは、場合によっては押しつけがましいことだということは、認識しておく必要がある。

■読者を巻き込むことが必要

では、作文やエッセイはどう書けばいいのか。実は、私に言わせれば、それは小論文を書くよりもむしろ難しい。

もちろん、文章を書くということについては、小論文・レポートと変わらない。だが、小論文は描写や文体を工夫する必要はなかった。文体の「効果」を考える必要もなかった。論理と知識さえあれば、問題なく書けたが、作文はそうはいかない。

小論文・レポートの場合、筆者は自分の意見を一方的に説明すればよい。その説明に読者が納得するかどうか、それに説得力があるかどうかに、その成否がかかっている。が、作文・エッセイの場合はそうではない。読者に参加してもらい、読者に作者の言おうとしていることを感じさせる必要がある。そして、筆者の考えを説明したり説得したりするのでなく、読者にそれを発見してもらう必要がある。

「日本人は集団主義だ。なぜなら……」と説明すると、それは小論文・レポートだ。作文・エッセイの場合、そのような説明をするのでなく、読者がそれを読んで、日本人の集団主義性を感じるようにしなければならない。「私の友人は、人に逆らおうとしない。心の奥では反対していても、反対すると相手を傷つけると思うらしくて、賛成する。この間も、こんなことがあった」というように書くのが、作文だ。そうして、読者が自分から文章のなかに作者の考えを発見するように仕向ける必要がある。

つまり、作文・エッセイというのは、自分の陣地内に他者を呼び入れる。どうぞどうぞと招き入れて、ごちそうをふるまう。そして、居心地良くしてもらい、仲間になってもらう。自分と同じ感覚を共有してもらい、感じ取ってもらい、「そうだ、そうだ、私もそう感じたことがある」「なるほど、そんな感じ方があったのか。言われてみると、わかるなあ」という気にさせる。

したがって、作文・エッセイの場合、まず、具体的に書くように心がける必要がある。具体的に描写して、読者がありありと現実を感じ取り、それを自分で発見するようにしなければならない。主張したいことを、抽象的に主張するのではなく、具体的なエピソードとして展開すると説得力が出るわけだ。だから、「みなまで言わない」という態度が、書く側には必要だ。作者が何から何まで語ってしまったら、読者の感じる隙間がなくなる。具体的に書きながら、「言外を読む」「行間を読む」という余地を残しておく必要がある。

第二に心がけるべきこと、それは、リアリティを大事にすることだ。今も述べたとおり、作文・エッセイの場合、読者が参加して、文章のなかで発見を行う。その際、その文章にリアリティがないと、読者は発見できなくなる。文章のなかで生きていけなくなる。だから、ほんとうらしく書く必要がある。もちろん、後に述べるとおり、書かれていることすべてが事実である必要はない。フィクションが混じってもかまわない。が、たとえ嘘が混じっても、ほんとうらしくなくてはいけない。

そして、そのためにも、具体的に書く必要がある。具体的に書くと、リアリティが増す。「宝くじが当たったんだ」と友人に言われても、多くの人が疑うだろうが、「新聞を見て、あれっと思ったんだ。そこで、財布から宝くじを出して、一つ一つ数字を確かめたんだ。何度見ても、同じ数字なんだな。頭が真っ白になったよ。女房にも確かめてもらったんだ。二人で何度も見て、やっと納得いったよ」と言われると、リアリティが出る。

ただし、だからといって、だらだらしすぎると、むしろリアリティがなくなってしまう。テーマと無関係なことを具体的に書きすぎると、わけがわからなくなってしまう。テーマをしっかりと絞って書いてこそ、リアリティが出ることを忘れずに。

もう一つ、作文・エッセイの大事な要素、それは、作文やエッセイでは、作者への共感が大事になってくるということだ。つまり、作者を「素敵な人だ」「おもしろい人だ」と思えなければ、読むに堪えない。

もちろん、それは必ずしも誰からも好かれる好人物である必要はない。北野武や曾野綾子といった優れたエッセイを書く人たちがみんなから好かれる好人物とは思えない。だが、たとえそうであったとしても、なんらかの形で読者の共感を得る努力をする必要のあるのが、作文・エッセイなのだ。

■人柄をアピールしたいなら「文は人なり」で

今、私は、作文やエッセイには、読者の共感が必要だと書いた。そして、必ずしも、それは万人に好かれる人間である必要はない、とも書いた。

だが、だからといって、素人が北野武を真似て、アクの強いことを書いても、それまた問題がある。とりわけ、入社試験や入学試験、それに小中学校で書かされる作文でそのような文章を書いても、ひどい評価を受けるのがオチだ。

私は、作文・エッセイには大きく分けて二種類あると考えている。

一つは、「人柄の良さ」をアピールする文章だ。つまり、「なんと気持ちのやさしい、良い人だ」「なんと、素直で学生らしい（若者らしいなど）人物だ」と思わせる文章だ。「積極的で真面目」あるいは、「しっかりと地に足をつけて生きる」といったイメージを読者に持たせる必要がある。学校や会社で書かされる作文、そして、とりわけ入学試験で求められる作文は、この種の文章だ。

もう一つのタイプは、「なんとおもしろい人だ」「なんと不思議な人だ」と思わせる文章だ。そうしておいて、鋭さや個性をアピールするわけだ。先ほど説明した、北野武や曾野綾子のエッセイがこの種類に分類される。このタイプの場合は、あまり「良い子」を演じるべきではない。むしろ、反常識的で個性的であるほうがよい。芸術系の入学試験、出版社の入社試験では、このタイプが求められる。また、趣味の雑誌などの投稿欄では、この種の文章が喜ばれるはずだ。

したがって、文章を書く場合、まずは、「人柄の良さ」をアピールするべきなのか、「個性」をアピールするべきなのかをしっかりと認識する必要がある。判断を間違えると、悲惨なことになる。個性的な人物が求められているのに、「良い子の作文」を書いたのでは、「おもしろみのない人間」という評価を受けることになる。

どちらが求められているかがはっきりしたら、もちろん、それに合わせて読者の心にそれなりの「人物像」を思い描かせる必要がある。つまり、文章によって人物像を演じる必要がある。

人柄の良さをアピールしたいときには、謙虚で健気でひたむきな人物像を演じる必要がある。私は、第一章で生活綴方の考え方を否定した。自分の日常生活を見つめ、それを普遍化して文章を書こうとする従来の作文観への疑問を示した。が、もちろんそのような文章にもしみじみとした味わいがある。貧しさのなかで健気に生きている姿が浮かんでくる。自分の周りをしっかりと見つめて堅実に生活している様子がよくわかる。それはそれで、良い文章であることは間違いない。少なくとも、日本の作文指導者のほとんどが、このような文章を高く評価するだろう。

したがって、この種の文章を意識的に使ってみてはどうだろう。とりわけ、周囲となじめる人格円満な人物を採りたいと思っている企業の入社試験や短大の入学試験などでは効果的だ。あるいは、この種の文章は、新聞の読者欄などに投書すると、高い評価を得られるだろう。

要するに、健気に生きる「良い子」を演じるわけだ。もちろん、自分がほんとうに「良い子」であれば、わざわざ演じるまでもなく、そのとおりに書けばいい。だが、今どき、そのような「良い子」がそれほどいるとは思えない。多少なりとも、演じる必要があるに違いない。これまで知り合いになった健気な人物を思い浮かべたり、テレビドラマや小説の登場人物でもよい。その人物が、自分の立場になったらどんな行動をとるか、どう考えるかを参考にして書くとうまくいくだろう。

自分の苦しい体験、悲しい体験、日の当たらない体験、日々のちょっとした幸せや不幸を描く。そして、そうした具体的な体験（事実である必要はない）を書いたのち、謙虚で寛大で物静かで真面目で、しかも絶望せず、希望を失わない心を示すような感想をつけ加える。もちろん、偉そうな態度、反抗的な態度、意地悪な態度、捨て鉢な態度をとってはいけない。

「こんなに日の当たらない毎日だが、これが自分の生活であって、これこそがほんとうの幸せだ」「小さな幸せだが、こんな幸せを大切にしたい」「だいそれた野望は持たず、自分らしさを大事にして生きていきたい」「他人と交流することによって自分ができてくる。人との交流は大事だ」といった感想が望ましい。

このような書き方をする場合のコツは、具体的な体験を、目に見えるように書くこと。それがうまくいかないと、その後につけ加える感想が、いかにもとってつけたようなきれいごとになってしまう。多少、白々しいきれいごとでも、具体的な体験が書かれ、読者がそれに感情移入できていれば、十分に説得力を持つ。読者は、体験そのものに心を動かされて、納得してしまう。

そして、ここでも気をつけなくてはいけないことがある。

道徳的すぎると、説得力がなくなる。説教じみてしまって、現実性がなくなってしまう。話を聞きたいという気持ちもなくなる。結論としてはある程度は道徳的であってもいいが、それを押しつけるような、優等生的な作文は好まれない。

■ひねくれて考える

個性的な文章にしたいときには、まずは、ひねくれたことを意識的に考えてみるとよい。もっともうまい個性の出し方は人と違った着想を見つけ出すことだ。人と違った着想で書けば、十分に個性をアピールできる。

たとえば、「空」という題が出されたら、「そら」と読まずに少しひねって、「くう」あるいは「から」と読んでみる。みんながどう考えるかを想定して、そうでない考え方はないかと考えてみる。まっさきに思いつくテーマは、みんなが考えるものだ。だから、そのまま書くとありふれた内容になってしまう。つまり、個性を示せない。

もし、思いつかなかったら、若者だったらどう考えるか、よその国の人ならどう考えるか、自分の親（子ども、孫、兄弟など）ならどう考えるか。あるいは、学校の先生やテレビに出る知識人はどう考えるかと想像してみる。そうすることで、ひとひねりした着想が得られるだろう。

この種の文章の場合、道徳的である必要はない。良い人柄だと思われる必要はない。少し反社会的なほうが、文学・芸術の香りがして、個性的に思われるものだ。「みんなが仲良くできるような社会が好ましい」「こんなひどいことをする人を見た。けしからん」と書くのでは、ほとんどの場合、どうしてもありふれてしまう。それよりは、「みんなが仲良くできるような社会は嫌いだ」「こんなひどいことをする人を見た。私もしてみたいと思った」と書くほうが、個性的に映る。

人間のなかには悪い心がある。誰もが欲望を持っている。他人を出し抜きたいと思っている。羽振りの良い人間を見ると腹立たしくなり、その人の不幸を願う。かわいそうな人を見ても、徹底的にいじめぬいてやりたいという気持ちを持つこともある。恩人に対してさえも怒りや憎しみを持つこともきっとあるに違いない。

作文やエッセイを書くときには、そのような自分の意地悪な心に目をつむってはいけない。自分の心の奥底を見ないふりをしてきれいごとを言ったのでは、おもしろい作文にはならない。自分の心の奥も見つめ、自分のなかの悪を認めてこそ、きれいごとではない人間観察が生まれる。おもしろい文章になる。

ただし、だからといって、あんまり不道徳的なことを書いては、反感を持たれる。「私はお父さんが大嫌いだ。不潔で、下品で……」「大事なのはお金だ。人間の心なんて意味がない」「高校時代、先生が嫌いで、殴ってやりたいと思っていた」などと書いたのでは、人格を疑われてしまうだろう。限度というものはわきまえてほしい。

反社会的な考え方を知るには、しっかりとした知識が必要だ。知識があれば、一般に言われている考えが正しいとは限らないことがわかってくる。たとえば、「みんな仲良くしよう」というきわめて正しいことも、考えようによっては、「仲良くなることを強制して、仲良くならずにいる権利を奪っている。みんなとは別の価値観を持って、仲良くしなくてもいいという権利を認めるべきだ。仲良くしようという考え、つまりみんな一緒でいようという考えが、いじめを作り出している」といった反論が成り立つ。

そうしたことを知ってこそ、しっかりした「ひねくれた考え」ができる。

■作文も「型」を使うとラクに書ける

では、具体的にはどう書くか。

小論文の場合、まずは「型」どおりに書けばよかった。では、作文・エッセイではどうだろう。

作文やエッセイは小論文と違って、論を固めるものではない。堅苦しく書いたのでは、読者は自由に文章に出入りできなくなる。だから、あまり「型」にとらわれるべきではない。かなり自由に書いていい。とはいえ、自由に、と言われても、なかなか書けないものだ。

最近の「個性教育」の考え方では、「型」を教えることを「型にはめる」として嫌う傾向がある。「自由に」「個性を発揮して」「のびのびと」書くように教えられる。そして、それを口実に、きちんとした作文教育が行われていない。作文の書き方も教えず、「規範」も教えずに、「さあ、個性的な作文を書け」と言っても、誰も何も書けるはずがない。ほとんどの人が、そのまま大人になってしまうため、今も作文を苦手にしている人が多いのだろう。

しっかりした規範を覚え、「型」を身につけ、教師に強制されながらも、それをはね除けて自分なりの文章を開拓してこそ、ほんとうの個性が生まれる。何も覚えず、核となるものを知らずに個性や能力など、生まれるはずがない。

私は、ある種の「型」を応用した作文の書き方を、まずはするべきだと考える。古来、作文の「型」として、「起承転結」が言われてきた。そうしたものを、現代風にアレンジして書いてこそ、まとまりのある文章になる。自分の文体や感性を高めることができる。

したがって、次のような「型」を応用すると、書きやすくなる。しかし、前もって言っておきたいが、すぐにこれに飽き足りなくなるだろうから、それ以後は、自分なりの工夫をして書いてほしい。自分だけの「文体」を開発してほしい。それまでの訓練として、以下に示す「型」を利用してほしい。

［Ⅰ・**予告**］

これから書こうとする出来事の「きっかけ」や、その出来事の「予告」の役割を果たす。「今から、こんなことを書きます」という部分だ。ここで上手に読者の興味をひくように。ただし、あまり長すぎると、導入としてインパクトが弱くなるので、手際よくまとめるほうがよい。全体の五分の一程度が適当だろう。

［Ⅱ・**エピソード**］

出来事を具体的に語る。全体の三分の一くらいで十分。なるべく動きのある出来事が望ましい。あるとき、誰と何をした、誰がどんな行動を取ったといったことを物語る。目に見えるように、具体的に書く。好感を持たれる文章にしたいときには、ここで苦労話などを書くとよい。

［Ⅲ・テーマ］

Ⅱで書いた内容から得た印象や考えなどを、できるだけ深く鋭く書く。ここでは、小論文的な要素が大事だ。ただし、小論文のように客観的に断定するのでなく、あくまでも読者に感じ取らせる余地を残しておく必要がある。全体の三分の一程度が目安。

［Ⅳ・まとめ］

全体のまとめ。多少は余韻のある締めの言葉がほしい。

このように、作文・エッセイは小論文やレポートと違った「型」を用いるが、時には、小論文のイエス・ノー方式を応用するとうまくいくことがある。たとえば、「一寸先は闇と言われるが、それに反する経験をした」「百聞は一見にしかずと言われるが、そのとおりだと思った」

「……という友人の意見を聞いたが、私も同感だ」というように書き始める。そして、自分の体験を書くわけだ。

ただし、「それでいいのだろうか」といった問題提起をそのまま書くと、いかにも小論文らしくなってしまうので、これはほのめかすにとどめる。そして、その後も、小論文よりも自分の具体的体験をたくさん書き、読者に感じさせることを忘れないようにする。

このように、イエス・ノーの要素を加えることで、論点をはっきりさせて、まとまりのある、そして説得力のある作文にできるわけだ。

ここに、二つ、「模範例文」を挙げよう。どちらも、ほぼ「型」にそって書かれている。その点を確認してほしい。

模範例文

人柄をアピールする場合

「空気」

また、夫があの言葉を言った。私はめったに怒らない。いつもニコニコが、私のトレードマークだ。だから、顔には出さない。が、いつものように傷ついている。夫はよく「こいつはまるで空気みたいで、ちっとも邪魔にならないヤツなんです」と言うのだ。

「空気みたい」。もちろん、夫は悪い意味で使うのではない。私のことを誉めているつもりなのだ。「ふだんは意識しないが、不可欠な人間」、そう言いたかったのだろう。しかし、この言葉は、いてもいなくてもいいような存在という意味でもある。女性の権利を言い立てるつもりはないが、失礼しちゃう、とは思う。

人間は誰でも自分らしさを求めている。いや、もっとはっきり言えば、誰もが目立ちたいと思っているのだ。空気のようでありたいなどとは、誰も思っていない。ただ、持って生まれた性格や能力、環境によって、目立てたり、そうでなかったりする。だからこそ、時々目立ちたいと考えて、派手な結婚式を挙げたり、暴走行為をしたり、カラオケでうっとりして歌ったりする。

私はもちろん、目立たない人間でかまわない。みんなに知られる人間になりたいとは思っていない。が、周囲の人には認めてもらえる人間でありたい。そして、周囲の人のそんな気持ちを大事にする人間でありたい。それこそが、みんなとともに生きるということだと思うのだ。今度また、夫があの言葉を言ったら、今度こそ、やんわりと、私がこれまでずっと傷ついてきたことを知らせようと思っている。

個性的に、おもしろくアピールする場合

「七転び八起き」

「七転び八起き」という言葉を聞いて思い出したのは、「寅さん」というあだ名の中田さんのことだ。私の知り合いで、もう五十歳近くになるが、まだ独身だ。渥美清に顔が似ているわけでも、葛飾柴又に住んでいるわけでもない。その中田さんがなぜ「寅さん」と呼ばれているかと言うと、年に二回、正月とお盆のころに恋をし、その度に失恋するからだ。

恋をするごとに、黙っていられないらしくて、私のところに来る。そして、嬉しそうに新しいガールフレンドの話をする。「今度こそ」と、毎回言う。デートの話、一緒に観た映画の話、食事に行った話を、とくとくとする。ところが、そのうち、そんな話をしなくなる。聞いてみると「ふられた」と告白する。しばらくたつと、また、別の女性のことを話しはじめる。私の知り合いだけで、中田さんと付き合いかけてふった女性や結婚を申し込まれたが断ったという女性が何人もいる。

中田さんを無節操だと考える人も多そうだ。だが、私は中田さんを尊敬している。中田さんは、過去にこだわらない。自分をふった女性とも平気で話をする（もっとも、ふられた女性を避けていたら、女性の誰とも話ができなくなるのかもしれないが）。暗い過去のある女性に結婚を申し込んだこともある（もっとも、それほど、女性に飢えている、とい

うことかもしれないが）。くよくよせず、いつも未来の計画を練っている（もっとも、過去を考えていると、絶望するしかないからかもしれないが）。中田さんはいつも、「人生はこれからだ。これまでの自分は本当の自分ではない。自分というのは、これから作っていくものなんだ」と言う。

私は中田さんの考え方が好きだ。「七転び八起き」というのは、過去の自分よりも、これからの自分を大事にして、本当の自分を作っていこうとすることなのだと、私は思う。

2　一味違った作文・エッセイにするために

■テーマがないと完結しない

これまで説明してきたように書けば、とりあえずは「作文・エッセイ」はできあがる。だが、これでは、まだ不足しているものがある。これだけでは、まだ体験を書いて、それに感想をつけ加えただけのものでしかない。

体験談だけでは、作文・エッセイとしてはできそこないだ。作文・エッセイには、テーマが必要だ。テーマがあってこそ、文章の中身が読者に伝わる。「型」を守って、体験と印象を書いただけでは、読んだ者は、「一体、何が言いたくて、こんなことを書いたんだろう」といぶかしく思ってしまうのだ。

たとえば、映画などでも、アクションだけでは少しもおもしろくないはずだ。アクションが続いても、観ている者は、「何が言いたいんだろう」と首を傾げるだけだ。『スピード』というアクション映画も、市民のために悪戦苦闘する警察官というテーマがあるから、おもしろい。感情移入できる。

もちろん、テーマは必ずしも、「ほんとうに言いたいこと」である必要はない。『スピード』にしても、作った人が描きたかったのは、アクションにほかならないかもしれない。テーマは、実は「方便」にすぎないのかもしれない。だが、たとえそうであるにしても、テーマは必要なのだ。

それと同じで、ほんとうに言いたいのは、自分の体験そのものであるかもしれない。あるいは、自分という人間をアピールしたいだけかもしれない。場合によっては、学校や入学試験でいやいや作文を書かされているだけかもしれない。が、そうであったとしても、テーマがないと、作文・エッセイとして完結しない。

テーマとなるのは、「人間とは……なものだ」「社会とは……なものだ」「もっと……であるべきだ」「生きることはすばらしい」「人間はどんなに苦労しても、生きていかなければならない」「最近の若者は、不道徳的だ」「もっと、真剣に生きるべきだ」といったものでかまわない。

テレビや新聞で言われていることでよい。

テーマのおもしろさか、あるいは体験のおもしろさ、そして、文体のおもしろさのうち、どれか一つが備わっていれば作文としては成功と言っていい。

人によって、先にテーマを考え、その後に出来事を思いつく人と、逆に、先に出来事を考え、その後でテーマをつけ加えるタイプの人がいる。どちらがいいとは言えないが、二つのまったく違ったタイプの人がいる。

「人間はどんなに苦労しても生きていくべきだ」ということを言いたいために、いくつかのエピソードを思い出して、どれがもっともエピソードとしてふさわしいかを考えて書くのが前者だ。書きたい出来事がまずあって、それについて考えているうちに、言いたいことが浮かび上がってきて、「このように、人間はどんなに苦労しても生きていくべきだ」というテーマに気づいて書くのが後者だ。

いずれにせよ、作文の場合も、エピソードをⅡで書いておいて、次のⅢあたりでしっかりとテーマを示すと、もっとも簡単に書けるはずだ。そうしてこそ、エピソードが生きてくる。

■テレビドラマを参考に

さて、これで作文・エッセイの枠組みはできた。それなりの作文・エッセイは完成するはずだ。が、まだ物足りなさを感じる。

昔、私が学生だったころ、「ジャンルにこだわるべきでない」という言葉がはやった。私はクラシック音楽人間で、クラシック以外ほとんど聴かないが、そんな人種は実に評判が悪かった。「ジャズでもロックでも演歌でも、良いものは良い。だから、何でもジャンルにこだわらずに聴くべきだ」とよく言われた。その度に、私は居心地の悪い思いをしたものだ。

私は「ジャンル」という「名目」にこだわるのはとても大切なことだと考える。

たとえば、テレビを見ていて、シリアスものなのにミステリーと勘違いして、いつまでも殺人事件の起こるのを待っていたり、逆に、ラブ・ロマンスとして見ていたら、突然、殺人が起こってとまどったりといったことはないだろうか。優れたシリアスドラマなのに、コメディを期待して見てしまったために、少しもおもしろくなかったということもあるだろう。

このように、実は、その作品がどのジャンルなのかということは、鑑賞するのに大事な要素だ。そして、どのジャンルなのかはっきりしない文章は、読み手に戸惑いを与えてしまう。その文章がコメディなのか、シリアスなのか、青春ものなのかを明確にしておくほうがよい。そのほうが、読み手はリアリティを感じる。

したがって、作文・エッセイを書くとき、是非とも、ジャンルを意識してほしい。そのためには、テレビドラマを参考にするとよい。

テレビドラマには様々なタイプのものがある。学園もの、お涙ちょうだいもの、ブラックユーモアもの、シリアスもの、コメディ、ＳＦなどなど。それと同じように、作文もそれをモデルにして、工夫してみることを勧める。

たとえば、「人柄」を売りものにしたいときには、お涙ちょうだいものやシリアスものが書きやすい。

お涙ちょうだいものというのは、読み手をホロリとさせる作文だ。「実は私は難病に苦しんだことがある」「子どものころ親が死んだ」「小学生のころイジメにあった」というように、健気な自分をアピールするわけだ。そうすると、読み手は感情移入してくれる。文章にリアリティを感じる。ただし、そこに嘘臭さがあると、逆効果なので、事実でない場合には、使うべきではない。

シリアスものも悪くはない。離婚や自殺、犯罪というような深刻な話で読み手を惹きつけるわけだ。不幸や犯罪が話題になるので暗くて重くなりがちだが、深刻な話題を語ることによって人間の心の機微や生きる意味などを描きやすくなる。文学的な味も出しやすい。ただし、これも度を越すと、暗くていやみになる。

個性をアピールする作文・エッセイの場合は、コメディ調で書くのも良い方法だ。風刺や皮肉を混ぜたり、おもしろいエピソードを混ぜたりして、ユーモアのある文章にして、読者を笑わせり、ニヤリとさせたりする。先ほど、模範として示した「七転び八起き」の文章はこの例と言っていいだろう。ただし、人を笑わせるのは難しい。とりわけ、不特定の、未知の人間を笑わせるというのは、実は、至難の業だ。わざとらしくなって、リアリティを損ねることにもなりかねない。したがって、この手法はセンスのある人にしか勧められない。

いずれにせよ、こうして、頭のなかでテレビドラマを思い浮かべながら書くと、リアリティが増す。そして、それだけでなく、文章を書く楽しみが増える。

そして、その場合、多少のフィクションを混ぜることは許されると、私は考える。

不思議なもので、事実よりもフィクションのほうがリアリティのあることが多い。たとえば、素人やぽっと出のアイドルがドラマに出演した場合、ほとんどの人がその人物の行動にリアリティを感じないのではあるまいか。だが、おそらく、素人は演技をしていないのだから、おそらくプロの俳優よりも、素人の動きのほうがリアルなはずだ。それなのに、多くの人がそうは考えない。嘘で固めた演技のほうをリアルに感じる。

したがって、上手にフィクションを使って、リアリティを出すことを考えるべきだ。そもそもほんとうのことを書こうとすると、文章に勢いがなくなってしまう。もちろん、「ノンフィクション」と銘打って書くからには、嘘や誇張は命取りだ。が、そうでなければ、脚色はやむをえないと考えるべきだ。

たとえば、単純化。あるエピソードを書く場合、正確を期そうとすると、大事な話が中断されてしまう。ある出来事を話しているとき、中心的なテーマと無関係なことは大胆にはしょってかまわない。それが真実だとしても「バンコクに行ったときガイド役をしてくれたのは、従兄弟の学校時代のガールフレンドの友達だった」というように書くと、読者はガイドの正体に気を取られてしまう。それが中心的なテーマであるのならともかく、そうでないのなら、「知人にガイドを頼んだ」でかまわない。まとめることも、必要な脚色だ。

伏線も話をおもしろくするために、必要な工夫だ。

ある出来事があったとする。現実には、前触れなど何もなかったかもしれない。だが、だからといって何も書かないのでは、おもしろみがない。「その日、朝からいやな予感がしていた」あるいは、「まさか、人生に重大なことが起こるとも思わず、私は、幸せな気分に浸っていた」「前から、妙なことに気づいていた」というように、伏線を準備して、読み手の期待を高める工夫をする必要がある。

テレビドラマでも、登場人物が交通事故で突然亡くなる場合など、主人公が予感を感じたり、茶碗が割れたり、前にも危ない目に遭ったりといった前触れが描かれる。現実生活ではそんなことは、まずありえないのに、そうする。それがないと、受け取る側は唐突さを感じてしまう。盛り上がりを感じない。

それを利用するわけだ。

ただし、繰り返しておくが、いかにも嘘臭いことを書くと、むしろ読者は白けてしまってリアリティをなくしてしまう。練習を重ねて、リアリティを作り出す技術を身につける必要がある。

練習問題11

上手に脚色する練習をする。次の話を脚色し、具体的にして、リアリティのある文章に書き改めてほしい。もちろん、そこにフィクションが混じってもかまわない。

a 幽霊、と思ったら、干したカーテンが揺れていた。(一〇〇字程度)

b 電車の切符を買おうとしたとき、自動販売機で前の人がもたもたしているために、遅くなって、遅刻した。(二〇〇字程度)

解答例

a 墓の近くだった。街灯がなく、人影もない。ところが、少し先にかすかに白いものが見える。ゆらゆらと揺れている。まさか！　胸が高鳴った。逃げ出そうとしたとき、風が吹いた。白いものは大きく翻った。干されたカーテンだった。

b

定期券が切れていることに気がついて、自動販売機の前に並んだ。なぜか、おばさんたちの長蛇の列だった。私はいちばん短い列の後ろに並んだが、これが失敗だった。どいつもこいつも、自動販売機の前に来てから、バッグを開き、財布を捜し、自分の行き先の値段を確認してから、やっと行き先を押す。やっと買いおわっても自動販売機の前に立ったままだ。ゆっくりと財布をしまい、ゆっくりと立ち去る。私は電車に乗り遅れてしまった。

■興味をひく書き出しに

作文・エッセイの場合、内容もさることながら、文体も大きな意味を持つ。同じ内容を書いても、文体によっておもしろくもつまらなくもなる。落語が、同じ演目でも演者によってまったく別のものになるのと同じことだ。

したがって、生き生きとした、そして、目に見えるような文体を用いることが望ましい。リアリティがあり、具体的で、感情移入しやすいような文体だ。

そして、その第一歩として、書き出しの一文を工夫することが必要だ。まずは読み手の興味をひくのに、最初の一文は大きな役割を果たすからだ。次のような書き方のうち、いくつかを得意技にしておいて、適宜使い分けると、いいだろう。

❶ インパクトのあることをズバリ書く

ズバリと、おもしろくて、興味をひく文を書く。「数日前、わが家に泥棒が入った」「先日、交通事故にあった」「かつて、生死を分ける経験をした」などの文を初めに書くわけだ。ただし、こう書いて興味をひいたはいいが、その後、ありふれた内容になって「竜頭蛇尾」にならないように気をつける必要がある。だが、このようなことを常に考えて、ふだんからおもしろい文をいくつか集めておいて、「今度の文章に使えないかな」と考えてみるのもいいだろう。

❷ 会話や行動の描写で始める

▼「あなたは、苦労したんだから、もっとゆっくりする権利があるのよ」と、最近、友人に言われて驚いた。

▼「よっこいしょ。」動くたびに、どうしても、そう口にしてしまう。

というように会話体で始めるわけだ。こうすることで、文章に臨場感が増す。ただし、この方法では、どっしりした落ち着きや渋みは出せない。それを知った上で使うといいだろう。

❸「まくら」で始める

落語で言う「まくら」のような話で文章を始める。たとえば、外国で体験した怖い話について語るのなら、子どものころ聞いた怖い話の中身について書いたり、怖かったときの気持ちについて書いたりする。「あるとき、夜道を歩いていると、のっぺらぼうのお化けが出た」という話を始めて、「それと同じくらい怖い思いをした」というように導入するわけだ。

いずれにしても、このような工夫をすることによって個性的でおもしろい文章になる。ただし、こじつけがひどすぎると、不自然な文章になるので注意が必要だ。

■表現の工夫をする

書き出しのほか、細かな表現でも、文章を生き生きとさせることができる。表現の工夫をすることによって、教養にあふれ、個性に優れた自分を示すことができる。しかも、こうした工夫をすることで、書くことが楽しくなる。日本語の奥の深い秘密を知ることができる。

もちろん、日本語の表現は奥が深い。ほんの少しの説明でマスターできるようなものではない。長い間の練習によって、様々な表現を身につけ、豊かな語彙《ごい》を得ることができる。そして、そうすることで、ようやく優れたエッセイを書くことができるようになるだろう。

が、手始めとして表現を工夫するとき、もっとも簡単で効果的なのは、比喩《ひゆ》だ。よく知られているように、大きく分けると、比喩には「まるで……のようだ」という形をとる「直喩《ちょくゆ》」と、「まるで」という表現を含まない「隠喩《いんゆ》」がある。そのほかにもたくさんの比喩の分類がなされているが、まずはそんなに難しく考える必要はない。高度な比喩については、人の文章を読んでマスターすればいいことであって、初めからそのようなものをマスターしようとするほうが無理だ。

要するに、比喩というのは、物事を何かにたとえることで、それを誇張して、目に見えるように表現する方法と考えておけば、とりあえず間違いない。ふつうに書けば「私は驚いた」で済むところを、「私は、まるで初めて花園に迷い込んだ子猫のように驚いた」と言うわけだ。そう考えておいて、あとは練習してみるといいだろう。

上手に形容詞・形容動詞・副詞を使うのも、生き生きとした文章にするテクニックだ。「興味深く感じた」「悲しかった」「急いで歩いた」というようなありふれた表現では、読む人に、どう興味をひかれたのか、どのように悲しかったのか、どのように歩いたのかを伝えることができない。もう少し工夫すれば、豊かな表現にできる。たとえば、「姉がうれしそうにやってきた」といったのではどのようにうれしそうだったのかわからない。「弾むように歩いてきた」「含み笑いをしながら歩いてきた」「スキップのような足取りで歩いてきた」と書くと、目に見えるような表現になる。「悲しそうに歩いてきた」というのも、「とぼとぼと歩いてきた」「うつむいて歩いてきた」「肩を落として歩いてきた」とすることで、表現が豊かになる。

もう一つは、読むスピードを文の長短で作りだす方法だ。

言葉のリズムには音楽と同じような要素がある。音楽にアレグロがあり、アンダンテがあり、アダージョがあるように、文章にも速いリズムも遅いリズムもある。ただ困ったことに、音楽のように、「アンダンテ」と表示するわけにはいかない。メトロノーム表示を示すわけにもいかない。読者の読んでくれるスピードを文体によって工夫しなければならない。

そんなときには、一文を短くしたり、長くしたり、同じリズムを繰り返したりして、スピードを調節するといい。たとえば、書き手のわくわくするような気持ちや高ぶりを表現したいときには、短い文を畳みかけるように書く。現在形を使うと、臨場感が出る。

「彼女が列車の窓から見えた。私は手を振った。彼女は気づかない。列車はだんだんと近づく。やっと、気づいてくれた。彼女の顔に笑みが浮かんだ。来てくれたんだ。そう、私は思った」というような具合だ。

逆に、ゆったりした気分を出すときには、一文を長くして、「私は列車の窓から、海がだんだんと暗くなり、水面が灰色に変化していく様子をのんびりと眺めていた」というように書く。

よく、同じ言い切りの形（たとえば、「見えた」という終わり方）が続くと良くないと言われるが、「彼女が列車の窓から見えた。私は手を振った。彼女は気づいた。列車がもっと近づいた。目と目が合った。彼女の顔に笑みが浮かんだ」というように、意図的に同じ形を使うことで、緊迫感やスピード感を出すこともできる。こうした方法は、少しも難しくないので、ぜひ使ってほしい。

もう一つ、うまい方法は自然描写によって心を表すことだ。

映画やテレビドラマで、愛する人が死ぬなどして主人公が悲しい思いをしていると、画面にいかにも悲しそうに自然の風景が映る。あるいは、主人公が再起を誓うとき、夜明けの太陽が映ったりする。主人公の心理を風景に投影する手法だ。

実は、このテクニックはそれほど難しくはない。ある意味で読み手が勝手に感情移入するので、ワンパターンでもよい。

「雨が降りだしたので、あわてて家に帰った。そして、見つけた。愛犬ルーが犬小屋の横で濡れたまま倒れていた。近づいてみたが、ルーに反応はなかった。ほんの三〇分ほど前、私が出かける時には、元気とは言えないものの、いつものような鳴き声で私を送り出してくれたのに。私はルーを犬小屋に運んでから、自分の部屋に戻った。雨はいつまでも降り続け、道に小さな池をたくさん作っていた」というように。

うまい情景を描きさえすれば、読み手のほうで自ら感情移入を行うことになる。それほど苦労せずに、読み手に任せる形で、しみじみとした感情を描くことができる。悲しみや喜びを言葉を連ねて長々と書くよりは、そのほうが、ずっと感情が伝わる。

何度か、このテクニックを試してみてほしい。そうすれば、要領がわかってくるはずだ。

■好きなエッセイストを見つけよう

これまで、作文・エッセイの書き方を説明してきた。が、もちろん、これまでに説明したのは、奥の深い文章術のほんの入口にすぎない。これをきっかけにして、もっと高度な文章を身につける努力をしてほしい。

作文・エッセイを今後マスターするには、まずは手本となるような優れた文章をたくさん読むことだ。遠藤周作、林真理子、向田邦子などなど、鋭かったり楽しかったり、ひねくれていたり、しみじみさせたりといったエッセイの名手はたくさんいる。その人たちの文章を味わって、盗むべきところは盗み、自分なりの感受性やテクニックを身につけてほしい。そして、何はともあれ、好きなエッセイストを見つけてほしい。

あとは、小論文と同じように知識をつけることが大事だ。「日本は集団主義的だ」「情報社会は人間からコミュニケーションの機会を奪う」などといった知識をつけておくことによって、テーマを見つけることができるようになる。もちろん、知識をそのまま書いても自由作文にはならない。それをもっと具体的に、おもしろく書く必要はある。

練習問題 12

次の文の傍線部を直喩（「まるで……のように」）を用いて、臨場感のある表現にしなさい。

a 「少女は、見知らぬ人に囲まれて、泣きだした」

b 「空が、みるみる暗くなって、今にも雨が降りだしそうになった」

解答例

a 「まるで、飼育小屋から連れ出されたウサギのように」「まるで、ひとりぼっちで外国に連れていかれたかのように」「まるで、猫に囲まれた子ネズミのように」など。

b 「まるで、神様が空の電灯を消したかのように」「まるで、墨が水面に広がるように」

「漆黒が空を呑み込むように」など。

練習問題13

傍線部を工夫して、臨場感のある表現にしなさい。

a 「彼は、娘が事故に遭ったことを知って、急いで病院に駆けつけた」

b 「私は、課長に昇進したことを早く家族に知らせようとして、急いで家に帰った」

解答例

a 「あたふたと」「真っ青になって」「裸足のまま」「ちぐはぐな靴を履いて」「ふだん着のまま」「髪も整えずに」「コートも羽織らずに」「息を切らせて」「信号無視を繰り返して」など。

b 「いそいそと」「急ぎ足で」「駆け足をするようにして」「頭のなかで、妻に何と言おうかと考えながら」「妻に報告するはずの言葉を口ずさみながら」など。

練習問題14

面倒を見てもらっていたA先輩が半年前に他界した。一周忌に、その「思い出」を文集にしてまとめようということになって、あなたにも原稿の依頼がきた。追悼文を八〇〇字程度で書いてください。

模範例文

人柄をアピールする場合

Aさんは、仕事だけでなく私生活の面でも面倒を見てくれた大恩人でした。あの大雪の日の葬式からもう半年になろうとしていると考えると、感慨を抑えきれません。

わが家に息子ができたときのことです。冬だというのに、あの大きな体を汗でいっぱいにしながら、武者人形を持って来てくれました。そして、大きな体を揺らしながら、いっしょになって息子の誕生を喜んでくれました。息子が大病で入院したときも、Aさんは自分の子どもが重病になったかのように心配してくれました。いえ、ほかの人のように、口先だけで心配を示すのでなく、ほんとうに心の底から心配してくれているのです。そして、全快したのちも、「再発は大丈夫か」と、まるで私の両親と同じように心配してくれました。

私がAさんから教わったこと、それは、他人のことも自分のことのように心配するということでした。Aさんのような生き方は、現在では衝突を起こします。Aさんを煙たがって離れていった人も、私の知っているだけで何人もいます。しかし、他人のことを自分のことのように心配できる人がいったいどのくらいいるのでしょう。

あの大雪の日、交通機関が麻痺状態のなか、Aさんを悼んで大勢の人が葬儀場に集まりました。それ一つとっても、Aさんが私たちの心のなかでどれほど大きな存在だったかわかるでしょう。どなたでしたか、「これから、大雪ごとにAさんのことを思い出しそうだな」とおっしゃっていましたが、そのとおりです。きっと、天がずっとAさんのことを私たちが覚えておくようにと、大雪を降らせたのです。

個性をアピールする場合

私にとってAさんは、生き方の何から何までを教えてくれた大恩人だ。私がAさんに出会ったころ、私は失恋直後でうちひしがれていた。その私を、あちこちにひっぱりまわし、生きる希望をくれたのはＡさんだった。

最初に一緒に飲んだ日のことを、今も覚えている。私はＡさんに誘われて、ご自宅の近くのスナックでしこたま飲んだ。Ａさんとは初対面だったのに、まるで昔からの親友であるかのようにあらいざらい自分の悩みを話してしまい、深酒をしてしまった。そして、酔ってトイレで小便をしているうち、突然立ちくらみがして気を失った。トイレで音がしたのに気がついて、Ａさんがすぐに駆けつけてくれた。そして、Ａさんは、小便でズボンを濡らした私を甚だしい酔っぱらい運転で私のアパートまで運んでくれた。Ａさん、臭かっただろうなあ！

それからというもの、いつでも一緒に行動した。随分ぶつかりあった。Ａさんの醜態を私のほうが面倒を見たことも何度もある。

今、私はＡさんを仏様にしたくない気持ちでいっぱいだ。Ａさんは、誰よりも人間らしい人間だった。見栄っ張りで大酒飲みでがさつで面倒見がよく活動的でやさしかった。いやなところもすばらしいところも、あの大きな体のなかに普通の人の三倍ほど持っていた。そのＡさんを仏様に仕立てあげて仏壇の小さな写真のなかに押し込め、みんなでＡさんの良いところだけを懐かしがったのでは、Ａさんじゃなくなってしまう。Ａさんほど、仏様にふさわしくない人はいない。

ご遺族には申し訳ないが、私はAさんを安らかな眠りから引きずり出したい。もう一度、飲みながら、大声で本音を語り合いたい。喧嘩をしたい。私にとってのAさんは、あくまでも、人間らしい人間なのだ。

第五章　手紙・eメールの書き方

1　手紙を上手に利用する

■手紙の五つの長所

手紙を書く機会が減った。現在では、手紙は、基本的に礼状や冠婚葬祭の挨拶状や案内状くらいにしか使われていないのではあるまいか。ほとんどの人が、電話で用を済ませる。

が、もっと手紙を書くべきではなかろうか。手紙には長所がたくさんある。第一の長所は、よく言われるとおり、電話と違って暇な時間に読んでもらえることだ。電話は他人の時間を邪魔する。相手は風呂に入っているかもしれない。家庭内で問題を抱えているかもしれない。いつも、人とおしゃべりをする余裕があるとは限らない。手紙であれば、相手をわずらわせないでいい。電話ほどの押しつけがましさがない。

しかし、手紙の長所がこれだけだと思われてしまうのは、私としては心外だ。ほかに、いくつもの手紙の長所があるのだ。

二番目の長所、それは、電話よりもまとまったことが一方的に語れるということだ。電話の場合、どうしても、相手とのやり取りになる。一人で一〇分間しゃべることはできない。もし、そんなことをしたら、不躾者という評判が立つのがオチだろう。すぐに返事が必要で、相手と相談しながら結論を出さなければならないときには、電話が便利だが、そうでなければ、手紙が好ましい。手紙なら、一定時間、自分の文章に釘づけにできる。長い間、自分の言いたいことに耳を傾けてもらえる。

第三の長所、それは手紙の場合、じっくりと書き直せることだ。口で言うと、その場で返事が返ってくるのは、便利な反面、自分の言葉を吟味できない。言い直しにくい。頭の回転の速い人ならいいかもしれないが、私レベルの頭の回転だと、言った先から、「しまった、こんなこと言うんじゃなかった」と思う。しかも、話をするときには、相手の反応を予想してじっくりと対策を立てることができない。だが、手紙なら、一度書いたあと、しばらくしまっておいて、もう一度読み返すことができる。相手の立場になって考え直すことができる。文体を練り、書き直せる。つまりは、丹念に鏡の前で化粧をするように、ゆっくりと文章を練って自己演出をすることができる。

第四の長所、それは、手紙は理性的になれることだ。とりわけ、誰かに抗議をしたいような場合、口で言うと、けんかになる場合がある。微妙な問題の場合、売り言葉に買い言葉ということになりかねない。ところが、手紙であれば、冷静に考えることができる。相手の言い分を言い負かそうと書いているうちに、相手の言い分にも正しい面があることに気づいたりする。あるいは逆に、もっと的確な自分の考えを見つけ出すこともできる。両者ともに納得するアイディアを思いつくこともあるかもしれない。時には、書くうちにますます熱を帯びることもないではないが、その場合も、書いた後には冷静になることも多い。したがって、書きおわった後、すぐに投函しなければ、理性的に考えることができる。

もう一つ、手紙の長所がある。それは、相手が繰り返し読むことができることだ。もちろん、それは短所にもなる。不用意なことを書くと、それがのちのちまで尾を引くことにもなりかねない。そうならないように細心の注意が必要だ。だが、楽しい手紙であれば、繰り返し読むことになる。そうなることで、手紙は人と人の関係をいっそう緊密にすることができる。意地の悪い言い方をすれば、手紙をうまく使えば、面と向かって話をすると気まずくなる人とでも、心のふれあいができるのだ。そして、それをきっかけにして、良い関係を作ることもできるだろう。

■手紙は特定の相手への小論文・作文だ

ところで、手紙やハガキには二種類あると、私は考えている。

第一のグループは、お詫び状や抗議文や催促状、苦情文などだ。これらは、一言で言えば、意見を書く文章だ。自分の状況を説明し、相手に自分の立場、意見をわかってもらうために、相手に謝罪や改善を求めるものだ。

第二のグループは、挨拶状、季節の便り、礼状、招待状、招待状の返信、冠婚葬祭のお知らせ、贈り物に添える手紙、お見舞い状などだ。第一のグループが「意見」を書くものだったのに対し、これらは、「気持ち」を伝えるための文章だ。ここには、意見は必要ない。相手への感謝の気持ち、相手のことを思いやっている心を示せば、それでよい。

つまり、こう考えてはどうだろう。

手紙・ハガキというのは、特定の相手に対する小論文・作文なのだ。第一のグループは自分の意見を語る文章、つまり小論文であり、第二のグループは主観的感情を語る文章、つまり作文なのだ。

したがって、書き方も、小論文や作文の四部構成の応用でよい。

つまり、第一のグループの抗議文や苦情文の場合は、次のように、小論文の四部構成を少し応用した形で書けばよい。

［Ⅰ・**問題提起**］

小論文風に書くとはいえ、手紙なので、まずは挨拶を書く。「いつも、愛用させていただいています」など、相手の機嫌を害さず、けんか腰にならない態度が必要だ。きちんとマナーは守り、その上で、次のⅡの部分で抗議したい内容、催促したい内容へと話を導くわけだ。

〔Ⅱ・意見提示〕

まずは、相手の立場に配慮する。「これまでは貴社の対応には満足しておりました……」「おそらく、今、大変忙しい時期で、一人一人の客に手が回らないという事情もあろうかと存じます」というように書き始めるわけだ。そして、「ところが」「そう思っておりましたのに、今回は残念ながら」というように言葉をつなげる。そうやって、抗議、催促などの中身を示す。

〔Ⅲ・展開〕

ここでしっかりと、自分の言い分が正しいことを説明する。いくつも、根拠があるときには、「第一に、……。第二に、……」というように書いていく。

〔Ⅳ・結論〕

善処してもらうよう頼んで、もう一度、相手への信頼の情を示して、締めくくる。

例を挙げると、こんな感じだ。

〈第一グループ・抗議文の模範例文〉

前略

私は、〇〇市に住んで十年来、会社帰りに「〇〇△△店」を利用している者です。これまで、味の良さにも従業員の対応にも満足しておりましたが、八月二〇日に購入した「ピザパン」を口に入れたところ、中からプラスチック片が出てきました。翌日苦情を申しましたところ、まるで私がいいがかりをつけているかのように、従業員の方にけんか腰で責められました。

私はこれまで一度も苦情を申したことはありません。これによって慰謝料をもらおうとも、製品をとりかえてもらおうとも思っていません。ただ注意してほしいと申し上げただけです。それなのに、なんという対応でしょう。

社長様には、是非とも事実を調査し、今後二度とこのようなことのないよう、従業員教育をしてくださることを望みます。

草々

二〇〇〇年八月二三日

笹木のぶよ

もう一方の第二グループ・挨拶状やお見舞の文章は、これに対して、作文の型を応用する。

［Ⅰ・**予告**］

まずは挨拶を書く。決まり文句でかまわない。

［Ⅱ・**エピソード**］

「ところで、この度」といった表現で話を変え本題に入り、直接的な用件や出来事を伝える。

［Ⅲ・**テーマ**］

ここで、心のこもった言葉で、相手に対する気持ちを伝える。挨拶や季節の便りの場合は、身体の弱い人には、身体に気をつけてほしいことを、美術の好きな人には展覧会の話題など、相手一人一人の身になって、語りかけるのが望ましい。礼状、招待状、お見舞い、冠婚葬祭の知らせなども、その場に即して、喜び、悲しみの言葉などを添えるといいだろう。実はこの部分こそが手紙の中心部分だ。

［Ⅳ・**まとめ**］

終わりの挨拶の言葉を添える。

これについても、例を示してみよう。こんな感じになる。

〈第二グループ・見舞状の模範例文〉

久しく御無沙汰しておりました。申し訳ございません。

先日、同窓会で藤原君に久しぶりに顔を合わせました。先生のおもしろくもないダジャレと、美術作品を見たときの眼光は、みんなが覚えていました。申し訳ありませんが、しばらくのあいだ先生を肴にして飲ませていただきました。

その場で、藤原君に先生が入院なさったことを聞きました。すでに退院なさったとのこと、何よりです。遅ればせながら、心ばかりのお見舞いを送らせていただきます。先生は、海のものがお好きだったと思います。ご笑納ください。

退院なさったとはいえ、病後のおからだ、十分にお気をつけください。

十月十五日

高橋公男

もちろん、手紙やハガキは私的なものだ。だから、自分なりにいくら「型」を崩してもかまわない。親しい人には、会話調で書くのでもかまわない。しかし、手紙・ハガキを書くのが苦手な人は前述の型を応用すると、書きやすくなるはずだ。

■一言添える自己演出

「手紙には心がこもる。だから、なるべく決まりどおりの書き方をやめるべきだ。ワープロ文書も味気ない。手書きで、自分らしく書くべきであって、型どおりを崩すべきだ」という意見がある。

それはそれで正しいと私も思う。手紙は私的なものだ。だから、できるだけ自由に書くべきだ。私的な領域に規則はない。思いのたけをだらだらと書きつらねる文章であっても、相手と了解がとれていれば、それが親愛のしるしになる。とりわけ、若者の場合、そして、時間のある高齢者の場合、それは大事なことだろう。

が、たとえば、結婚を知らせるハガキなどで、いちいち自分らしく書く必要があるだろうか。挨拶文も、むしろ公式どおり、しきたりどおりのほうが好まれることが多い。とりわけ、目上の人、親しくない人にはマナーを守るほうが無難だ。丁寧に自分の思いを自分の言葉で書いた文章が届いても、それが親しくない相手であれば、もらったほうもとまどうばかりだ。

私は、手紙でも「型」はできるだけ利用するべきだと考えている。「型」というのは、基本的に効率化を進めるものだ。とりわけ、社会的なことでは、型を使うほうが効率的に物事が進む。いちいち、数時間もかけて文面を考え、書いたり消したりしながら手書きで書いていたのでは、現代社会では生きていくのが難しい。いや、そもそも、それでは書くのが億劫《おっくう》になる。手軽でないと、現代人はなかなか手紙は書けない。もらうほうも、手軽なほうが気楽だ。

したがって、私は、多くの場合、ほとんどの部分が紋切り型の挨拶文でかまわないと考える。決まりどおりの、まさしく書店にたくさん並んでいる『手紙文例集』をほとんどそのまま使うようなものでかまわない。

ただ、もちろん、それだけでは、あまりに味気ない。決まり文句ばかりでは手紙としてできそこないだ。手紙の第一の目的は、自分を認めてもらうことなのだから、それでは本来の手紙の役割を果たさない。文例集を引き写しただけの手紙をもらっても、少しもうれしくない。

そこで勧めるのが、少しだけ肉声を混ぜて、読み手に共感を与えることだ。

絵に自信のある人は、絵を添えたりできる。字に自信のある人は、字そのものが肉声の役割を果たす。が、それらに自信のない人は、言葉で肉声を示す必要がある。

ワープロで書いても、肉声を混ぜれば、読み手は十分に、真心を感じるものだ。真心のこもった肉声があれば、「ワープロは味気ない」などとは感じない。

一行でよい。決まり文句の羅列のあとに、ほんの一言、心のこもった肉声を加える。それだけで、全体の印象ががらりと変わる。公式の文章でありながら、親しみを加えることができる。

そういう一行には、次のようなものがある。

❶ 相手の言葉を思い出しての一文。たとえば、お見舞いの文章の後に、「私のほうは先輩が教えてくれた乾布摩擦健康法のおかげで、元気です」というように、相手がかつて言っていた言葉を使って、つけ加える。そうすることで、相手のことを心にかけていることをきちんと示す。

❷ 相手の趣味に合わせての一文。相手が温泉好きだったら、たとえば、「病気が治ったら、一緒に温泉に行こう！」と加える。

❸ 相手のことを気にかけていることを示す一文。たとえば、「先日、一人で温泉に行きましたが、君が来られなかったので、残念でした」というように。

❹ おみやげをほのめかす一文。「そのうち、元気をつける特効薬を送ります、それが何かはまだヒミツだけど」とつけ加える。

❺ グチを漏らす。ただし、もちろん、そのグチは相手と共通のものでなくてはならない。そうすることで、共犯関係を作り、仲間意識を喚起するわけだ。「課長はあいかわらずです。早

く先輩に戻ってきてほしい！」というように。

こうして、相手の心を和ませ、うれしい気持ちにさせるわけだ。そうすることで、お互いの心の交流を図り、自分の存在をアピールできるはずだ。

■絵ハガキは四行か二行で

手紙を書くほどのことではない。もし電話をかけてしまうと、長話になったり、いらないことを言わなければならなくなったりで、気が重い。そんなときに便利なのが、絵ハガキだ。

もちろん、書く内容があるのなら、官製ハガキに書くのでもかまわない。そのほうが濃い内容を盛り込める。だが、官製ハガキだと、字を多めに書かなければならない。それに、ちょっとよそよそしい感じがする。その点、絵ハガキだと、字も少なくて済む。だから、手軽に書ける。

絵ハガキというと、とりわけ年配の方、そして男性のなかには、まだ旅行をしたときに書くものと思っている人も多そうだ。もちろん、旅行中に書くことも多いに違いない。が、絵ハガキをそれだけにしか使わないのは、あまりにもったいない。手紙を書くほどのことはないが、一言だけお礼を言いたい、一言だけ便りしたい、というようなとき、絵ハガキは便利だ。

もちろん、絵ハガキの「絵」は、観光地の風景ではなく、相手の趣味に合わせて、美術作品だったり、映画やコミックのキャラクターだったりでよい。美術展で好きな画家の展示が行われたときに、お気に入りの絵のハガキを買いためておいて、それを出すと、もらうほうもうれしいものだ。

私も、一度ある年上の知人にフェルメールのあの「青いターバンの少女」のすばらしい絵ハガキをいただいて、そのセンスに感嘆したことがあった。そこには、私がさしあげた著書へのお礼が書かれていたが、絵ハガキがすばらしいと、その礼状にまで心がこもって見えるものだ。

絵ハガキを使うことで、長々と文章を書かずに済む。電話よりもずっと短時間で済む。ほんの数行しか文を書かなくても、絵という要素があるので、失礼に当たらない。文を工夫することで、十分に喜んでもらえる。ラクをして、しかも喜ばれ、きちんと用を足せるわけだ。

私は、目上の人、あまり親しくない人への絵ハガキの場合、四行で書くことを勧めている。後に説明するように、親しい人には二行でよい。それで十分に心が伝わる。だが、特に親しいわけではない人に二行では、あまりに素っ気ない。四行はないと、心は伝わらない。

四行で書く場合も、これまでの「型」を応用すると、書きやすい。

先ほど説明した、**Ⅰで挨拶を書き、Ⅱで用件を伝える。Ⅲで、心のこもった言葉を添え、Ⅳ**

で終わりの挨拶を書く、という「型」でよい。ただ、それぞれの部分を原則として一文にして、一行にする。もちろん、一つの部分が二行になっても、文が二つになってもかまわない。が、ほぼそのようにして書くわけだ。

「写真、届きました。／あの日のことを改めて思い出しました。／ほんと、楽しかったねえ。／また、旅行に誘ってください」といった調子だ。

そのほか、「お母様が入院なさったと聞きました。／私にできることがあったら申しつけください。／あなたこそ、お体を壊さないようにネ。／お母様によろしくお伝えください」「いかがおすごしでしょうか。／下記の喫茶店に私の撮った写真を飾っています。／先生にキツーイお言葉を頂けるとうれしいのですが。／季節の変わり目、ご自愛ください」などと工夫できる。

ただし、先ほども述べたように、親しい人に簡単な用件を伝えるだけなら、二行で十分だ。仕事の用件、約束の確認、ちょっとした催促など、長く書くほうがむしろしつこくなって失礼に当たることもある。長く書けば、心がこもるというものでもない。簡潔にして、しっかりと自分をアピールする、それが短い手紙の極意だ。

そのためには、**まず一行目に、ずばりと用件を書く**。挨拶や前置きはいらない。そして、**次の行に心のこもった一行をつけ足す**。要するに、この形は、これまで勧めてきた四部構成のⅠ・Ⅱを一文にまとめ、Ⅲ・Ⅳを第二文にまとめた形と思えばよい。

「招待券ありがとう。／今からわくわくです」「プレゼントありがとう。／息子が羨ましがってました」「25日3時半に、S駅前ですね。／何を着て行こうかな？」などとするわけだ。

もちろん、これで十分。絵ハガキの絵、そして二行目が素っ気なさを救っている。

定番どおり、旅行先から、気軽に絵ハガキを出すのも、喜ばれるもの。これも、あまりに長く書く必要はない。長く書くと、書くほうも、もらうほうも気が重くなる。それに、何人もの人に絵ハガキを書くのは億劫なもの。かといって、一部の人だけに出すわけにもいかない。あまりに長くて詳しい内容だと、むしろ相手が「私が忙しく働いているのに、この人は呑気に旅行なんかしている」と思うかもしれない。

そこで、ここでも二行で簡潔に書くことを勧める。

一行目は、見てきた場所をずばりと書く。「今、パリに来ています」でもいい。もう少し詳しく、「パリについて、きのうルーヴル美術館を見てきました」「今、ノートル・ダムの前のカフェにいます」というのでもいい。そして、その後に、「あなたの好きなモナリザ、素敵でした」「教えていただいたお店に入って、カンゲキ！」「セーヌ河をあなたにも見せてあげたい」というように相手に肉声で呼びかける文をつけ加える。

要するに、いずれにしても心に迫る二行目をどう書くか、相手の心を和ませるかどうかがポイントだ。上手に練習して、達人になってほしい。

練習問題⑮

a 修理が終わって戻ってきたＣＤプレーヤーが、少しも直っていません。再修理を依頼したら、有料だということです。苦情の手紙を三〇〇字前後で書きなさい。

b 今、あなたは、観光で長野市にいます。一日目の観光を終えたところです。同僚への四行の絵ハガキと二行の絵ハガキを書きなさい。

解答例

a

前略

私は、貴社の製品を信頼して、長い間愛用している者です。

これまで、私は、製品の品質、販売員の接客態度など、貴社に満足してまいりました。ところが、先日、ＣＤプレーヤーが故障し、すぐに修理に出しましたのに、修理前と同じ故障が発生します。改めて修理を依頼しましたところ、またしても修理費を要求されました。

これは、初回の貴社の修理が不備なために、故障のまま戻ってきたためであり、修理がなされなかったとみなすべきだと考えます。つまり、今回、またしても修理費を請求されることに納得がまいりません。

今度の件につきまして、なぜ修理費が再び請求されたのかを調査の上、是非とも私に納得のいくお答えをいただきますよう、お願い申し上げます。

草々

---

b

四行の場合

今、長野に来ています。
善光寺とオリンピック会場を見てきました。
ここのおそばは最高、きっとあなたも満足するはず！
では、また。

二行の場合

長野で善光寺などを見ました。
スキーはできなかった。ザンネン。

2　メールは簡潔に効率よく

■マナーを守ろう

eメールが盛んになった。携帯電話でのメールも若者に受け入れられている。若者が電車のなかなどで長々とメールを打ち込んでいる姿を見るが、もちろん、長いメールを書いたり、メールでのおしゃべりと楽しむことに、とやかく言うつもりはない。

が、大人としては、もっと効率よくいきたいもの。社会人にとってのメールは、ほとんどビジネスがらみで使われる。私用であっても、ビジネスの場で交わされることが多い。いや、むしろ、私用と公用の中間、あるいは公用と見せかけた私用といった場合も多いはず。いずれにしても、短い字数でビジネスライクにメールを書きたいもの。そうしてこそ、自己アピールができる。

ところが、そうなると、問題になるのは、ルールを守らないメールや失礼メールだ。近頃、メールがトラブルの原因になったという話をよく聞く。不用意にメールを送ったために能力を疑われ、非常識の烙印を押されないとも限らない。そうならないために、まずは最低限のルールを身につけておく必要がある。

まず、技術的な問題として、eメールの場合、「文字化け」に気をつける必要がある。ウィンドウズとマッキントッシュの間でメールをやり取りする場合、あるいは、特殊なメールソフトを用いる場合、①②、㎡などの記号は文字化けして、別の文字になってしまうことがある。そんなことのないように、相手の機種がわかっているときを除いて、記号はあまり使わないほうがよい。

また、「件名」は必ず書き込むのが原則だ。それも、「ご報告」「連絡」といった漠然としたものでなく、明確に用件を示すものであるほうが好ましい。「6月3日の会議の内容について」「土曜日に日時変更願います」「山崎家訪問についての打ち合わせ」といった明確なものであってほしい。一覧表を見ただけで内容が確認できて、効率的だ。とりわけ用件のないままの「便り」のときには、「ひとりごと」などといった、それとわかるような件名を入れるといいだろう。

すでに、メールの書き方として、根づいているのが、左を詰める書き方だ。一般の原稿用紙では、書き出しや段落替えの後、改行した文の初めは1マスあけて書き出すが、メールではそのまま書き出すわけだ。原稿用紙に慣れた人には、少し抵抗があるかもしれないが、これをメールの書き方として受け入れるべきだろう。

ただし、この書き方にすると、段落ごとの区切れが曖昧になってしまう。そこで、勧めるのが、段落を替えるときには、一行まるまるあけてしまう方法だ。つまり、段落ごとに行をあけて書くわけだ。そうすることによって、段落分けが明確になる。見やすくもなる。

もう一つ、ルールとして定着しているのが、引用だ。メールの場合、相手の文章をそのまま引用して、それに書き加えて返信できる。従来の手紙のように、相手の言葉を自分で書き直すまでもない。相手がいくつもの質問をしているときには、上手に引用して、それぞれの質問に答えられる。

ただし、そのとき、失礼にならないように気をつける必要がある。

まず、相手の文には絶対に手を加えてはいけないのが、原則だ。たとえ、相手が誤字を書いていても、間違った情報を書いていても、そのまま引用する。そして、その部分にコメントを加える形をとる。相手の文をいじってしまうのは、大変失礼に当たる。

また、引用を用いて相手の言い分の矛盾点を批判しようとはしないほうがよい。言葉尻を引用されて批判されるのは、大変不愉快だ。本腰になってけんかをするつもりならいざしらず、そうでなければ、するべきではない。あくまでも、引用は相手の言葉に直接的に答えるための手段にとどめてほしい。

■箇条書きに肉声をプラスして

では、実際に、どのようにメールを書くか。

もちろんメールの場合も、原則として手紙と同じ書き方でかまわない。メールも手紙の一種であり、特定の個人に宛てた小論文・作文にほかならない。したがって、これまでに説明した四部構成を用いて書くと、効率的で論理的になる。

だが、とりわけ、ビジネスのメールの場合は、「文章」とみなすべきではないと私は考えている。電子文字は読みにくい。だから、文字を読んで論理をたどり、背景にある考えを推測しようとするのに、メールは向いていない。メールはじっくり読むためのものではない。したがって、文体を整えたり、つなぎの言葉を入れたりする必要は、ビジネス・メールの場合は、さらさらない。そのようなものがあるだけ、むしろ煩わしく邪魔なのだ。なによりも簡潔さとわかりやすさを心がける必要がある。

したがって、ビジネス・メールの場合、「文章」でなく、「箇条書き」を原則とするのが望ましい。

▼この点につきまして、いくつか問題点を感じております。その問題点と言いますのは、……という点や……という点です。したがって、私たちは、その解決策を模索しているのですが、

その方法として、私たちが考えるのは、以下のとおりです。いかがでしょうか。

というように書くと、いかにも「文章」になってしまう。したがって、メールでは、もっとわかりやすく、

▼A／先日の件について考えられる問題点。

1．…………。

2．…………。

B／それについての解決策。

1．…………。

2．…………。

いかがでしょうか。

というようにするのが、好ましい。

そうすることで、一目で理解できる。文章をじっくりたどる必要がなくなる。わかりやすい。一言で言って、論理性をアピールできる。

また、場合によっては、用件を一行だけで済ましてもいいだろう。「打ち合わせ時間変更の件、承知しました」、「7時に、喫茶イゾルデで待っています」といった具合だ。余計な前置きや挨拶は必要ない。

ただし、そのような書き方をすると、余計にメールが無機的になってくる。そうなると、ますますトラブルが起こってくる可能性がある。冷たい人間と思われかねない。

メールの場合、肉声が伝わりにくい。声が届くわけでもないし、自筆の文字が届くわけでもない。電子的に作られた文字が先方の機械のなかに届くにすぎない。だから、書き方によって誤解を与えることがある。

メールを使用している人であれば、誰もが一度や二度、失礼なメール、不躾なメールを受け取ってムッときた経験がおありだろう。発信者にはそんなつもりはないのかもしれない。電話か手紙なら、受け取った側も、気にも留めなかっただろう。だが、電子文字のメールで届くと、無機質で人間性が伝わらない。行間の「気持ち」が伝わらない。字数も切り詰めて書かれるので、どうしても説明不足になる。その結果、誤解を招くことになるのだ。そして、ビジネスでも、仲間うちのおしゃべりでも、味気ない無機的な文章になってしまう。少なくとも、もらってうれしいメールでなくなってしまう。

そこで、そうした状況を避けるために、手紙と同様、最後の部分に、味気なく結論をまとめるのでなく、なんらかの「肉声」がほしい。それを一行つけ加える。そうした工夫が、メールの場合は、ほかの場合にもまして必要だ。四部構成で書いた最後に、あるいは一行で用件を書いた後に、署名がわりに肉声を加えるわけだ。

「企画書、これから検討させていただきます。／また、ベイスターズ、負けましたね。ザンネン!!」「添付ファイルをご覧ください。／そのうち、気晴らしに行きませんか？」という具合だ。

若者の間で、「フェイスマーク」「顔文字」などと呼ばれるものが流行っているらしい。うれしいことを表すのに、笑顔を描く（＾o＾）や、悲しい気持ちを表す（＞＿＜）などを用いる。つまり、パソコンの記号を用いてイラスト替わりにしようというわけだ。これも、メールの無機質さを少しでもやわらげて心の通うコミュニケーションにしたいという、工夫と言うべきだろう。

が、大の大人がこのような若者の遊び感覚の真似をするのも、ちょっと抵抗がある。とりわけ、それほど親しくない人にこのようななれなれしいマークを使うわけにはいかない。

そんな場合には、最後の行に「また、一杯やりましょう」「ついでに、おいしいもの食べよーネ」「係長、オコッテルかな？」「ゴメンね」などと肉声が聞こえるような一行をつけ加えるといい。あるいは、“Ciao”“Au revoir”といった別れの言葉を最後に加えるのでも、自分らしさを示すことができる。

ただし、メールの場合、どのくらいなれなれしくできるかが、勝負となる。なれなれしさが不足すると、他人行儀なやつとみなされ、なれなれしすぎると失礼なやつとみなされる。その点は注意が必要だ。

練習問題16

次の文章を、メール向きに改めなさい。

先日は楽しかったですね。

今度はいつ会おうかと考えていたのですが、和田さんは7月中旬がいいと言います。恵子さんに聞いてみたら、7月20日がいちばん都合がよいということでした。私たちのあいだで恵子さんがいちばん忙しいのですから、尊重したいと思いますが、いかがでしょう。

このあいだは、フランス料理にして、味のわりにお値段がはり、その上、時間ばかりがかかって不評でした。今度は中華はいかがでしょう。山村さんがおいしいお店を見つけてくれました。誰か中華料理の苦手な人はいますか。いたら連絡をください。

では、ご連絡をお待ちします。

かしこ

笹木のぶよ

解答例

のぶよです。
前回は楽しかったですね。(^o^)
次回は次の感じでどうでしょう。

日時：７月20日
(忙しい恵子さんの都合に合わせました)
場所：○○飯店
(前回フランス料理不評のため。(-_-;)
山村さん推薦の中華料理店です)

都合の悪い方、中華の苦手な方、連絡ください。
検討しなおします。
では、再見！

笹木のぶよ
e-mail:sasaki@*****.ne.jp

練習問題17

次の文章を、メール向きに改めなさい。

先日はお忙しいところ、時間を割いていただきまして、ありがとうございました。ところで、先日の件ですが、課に持ちかえりまして検討しましたところ、いくつか確認したい箇所が出てまいりました。つきましては、来週早々、できましたら、月曜日の午後にも、もう一度お目にかかって、お話を詰めさせていただきたいのですが、いかがでしょうか。一時間ほど、お話しするだけで十分だろうと思いますが、いかがでしょうか。

大変申し訳ありませんが、よろしくお願いいたします。ご連絡をお待ち申し上げております。

草々

株式会社△△営業部営業課　高橋公男

○○株式会社営業部営業課　□□様

解答例

○○株式会社営業部　□□様

株式会社△△の高橋です。お世話になっております。

先日の件につきまして、確認したい箇所が出てまいりました。来週にも、もう一度お目にかかって、お話を詰めさせていただきたいのですが、いかがでしょうか。

日時：来週早々（当方としましては、月曜日午後1時を
　　　希望いたします）
場所：貴社に私どもでお伺いします。

大変申し訳ありませんが、よろしくお願いいたします。
ご連絡お待ち申し上げております。

また、あの時のお店にご同行したいものです。

株式会社△△営業部営業課　高橋公男
TEL：000-000-0000
FAX：000-000-0000
e-mail:k-takahashi@*******.co.jp

第六章　文章は現代を救う

■書く力こそが思索力だ

これま[illegible]演出としての文章の書き方について説明してきた。本書を終えるに当たって、文章を書[illegible]現代社会においてどんな意味を持つかについて、少し私なりの考えを述べておきたい。

私は、書くことの第一の意味は、国語力、そして論理力、分析力や教養を養うこと、つまり知的になることだと考えている。

最初に確認しておきたいのは、国語力こそが論理力を養うということだ。小・中学校などで、国語力がないと、算数・数学や英語ができても、だんだんと成績が落ちてしまうとよく言われる。人間は母語を使って考える。考えるということは、母語を上手に使うということにほかならない。だから国語力がなければ、数学もすじみちを通して考えられないし、英語も読解できない。国語力がつくと、思索力がつく。

では、どうすれば国語力・思索力が養われ、深い教養が身につくのか。昔から言われてきたのは、良書を読むことだ。しばしば指摘される現在の若者の論理力、思索力、読解力の不足は、彼らが良書を読むという習慣をほとんどなくしていることに由来していると言って間違いないだろう。したがって、もちろん、良書を読むことをもっと奨励し、その楽しさを、多くの若者にわかってもらう必要があるだろう。

が、良書を読むこと以上に国語力を養うのに適した行為がある。それが、文章を書くという行為だ。たとえば、野球を例にとると、いくら野球を観ても、野球をほんとうには理解できない。観ることが上手になるだけだ。が、少しでも野球をしたことがあると、選手の気持ちを含めて理解が深まる。つまり、実践してこそ物事の理解が深まるわけだ。文章も、実践して、つまり文章を書いてこそ論理力が養われる。

したがって、頭の訓練のためにも、文章を書くことが必要だ。前にも書いたように、教え子のなかに、文章を書くようになって驚異的に国語の成績が上がり、それにともなって英語もぐんぐんと上がったという生徒がたくさんいるが、それはまさに、このような事情による。

現代社会では、自分で問題を見つけ、現実を読み取り、未来を予測し、分析し、論理的に思索し、それを発表して人と議論することが求められている。そのような能力は、まさに書くことによって得られるのだ。だからこそ、文章を書くという作業こそが、これからの社会では重要な意味を持ってくる。

若者には若者の考え方、感じ方がある。高齢者には高齢者の考え方、感じ方がある。それぞれの人がミニコミ誌やインターネットや手紙を通じて自分の意見や人生観を表明していく。そして、互いに議論を重ね、多様な考え方、感じ方を受け止めていく。そうすることが、一人一人の能力を高め、ひいては社会全体を知的で活発にしていくと考えられる。

今や、子どもから高齢者まで、あらゆる人々が自分で考え、自分の意見を発表する力を養う時代が来ていると言えるだろう。そして、これまでの「ありのままの自分」を描こうとする従来の「綴方」でなく、もっと遊びがあり、楽しく、気楽な行為として文章を書いてこそ、そのような力が自然のうちに養われると思うのだ。

■文章はアイデンティティを拡大する

だが、もう一つ、文章を書くことには大きな意味がある。文章を書くことの第二の意味、それは、自分のアイデンティティを拡大することだ。

現代社会では、万事が受け身になり、とりわけ若者は疑似体験に慣れきっている。人間は自分で体験する数十倍、あるいは数百倍の情報を疑似体験によって得ている。テレビを通して偽の体験をし、パソコンを通して偽の体験をする。ゲームを通して戦争をするだろう。DVDやCDもコンサートの疑似体験だ。

疑似体験における問題点としてしばしば指摘されるのは、疑似体験と実体験の区別がつかなくなることだ。疑似体験を、あたかもほんとうに体験したように錯覚してしまう。同時に実際の体験も疑似的なものになってくる。つまり、実体験の疑似体験化とでも言うべき事態だ。

もちろん、それも大問題だ。だが、もっと重大なことがある。それは、人間は実体験を通して自分を作っていく存在なのに、疑似体験しかなくなると、自分を作ることができなくなることだ。現代人は、現実の手触りが得られない。現実よりも疑似体験のほうにリアリティを感じている。そして、リアルな疑似体験と比べて自分の生活、自分の周囲を色あせたものと感じている。こうして、人間はリアリティを失ってゆく。現実を変革できるという意識をなくして、努力することも、変革の意志を持つこともなくなってゆく。

それだけではない。現代人は、文化を消費するばかりで、創造しない。かつて、遊びもけんかも創造行為だった。人に決められたルールに従って行動するのではなく、その場その場で自分たちでルールを作っていた。だが、今はそうではない。

現代人は、すべてがすでにできあがった世界のなかにいる。かつて、私が若者だったころにも、すでに世界はできあがっている気がしていたものだ。もうこれ以上、自分の入り込む隙はない、と感じたものだ。が、今から考えると、当時はまだまだすべてが未完成だった。自分たちで行動できる余地があちこちにあった。自分たちの力で世界は変えられた。

だが、現代では完全にすべてができあがってしまっている。政治も経済も、一人の力ではどうにもできない。ルールは決まり、誰もがすでにできあがった立派な建物、立派なシステムのなかにいて、仕組みを理解できる人などほとんどいない機器を使って、マニュアルどおりに生きている。マニュアルどおりにしかできない若者が批判されるが、若者は、マニュアルどおりにしかできないように強制されているのだ。若者が閉塞感を持つのは当然だろう。「自分たちにはつけいる隙がどこにもない。自分にできることは何もない。自分がいなくても、何も変わらない」という意識を持っているに違いない。

ゲームソフトを作ったり、芸能界で活躍したりなど才能を生かす機会を持った一部の人間を除いて、一般の若者は以前にも増して自分たちの創意を発揮できない。自分で世界を築けない。自分を感じることができない。アイデンティティを確立できない。

だから、人と人とのコミュニケーションも築くことができない。現実感を持てず、自分を感じられず、自分の心を開かず、自己表現ができないのだから、他人との関係を築けないのも当然なのだ。最近、子どもたちの「キレる」「むかつく」という状態、そしていじめや自殺が問題になっている。そうした問題も、これらのことと無関係ではあるまい。自己表現ができず、アイデンティティを保てず、コミュニケーションできないから、すぐに精神のバランスをこわし、他者を攻撃する。他者との関係を作れず、自分を表現して他者と意思疎通を行うという行為ができないのだ。いじめという形でのコミュニケーションや、自殺という形での自己表現しかできない。

いや、若者ばかりではない。このような状況は中高年の方にも無縁ではないはずだ。

現代人は、若者に限らず誰もが、テレビのなかの生き生きとした人物に比べて、自分の生き方を色あせたものと感じている。社会的な拘束のなかでがんじがらめになった自分への不満をかつて以上に感じている。昔の人のように、恵まれない自分を宿命として受け入れることはできない。自分が生き生きとできる場所を見つけることができない。会社でも家庭でも、自由な自分を持てず、自分に自信が持てない。自分が生きているという実感を持てない。そうしたうつろな自分をブランド品を買いあさったり、モノを消費したりすることによって埋めようとする。

だからこそ、私は文章を書くという自己表現の手段が現代社会には必要だと考える。

文章を書くという行為は、自分の力で自分の世界を作り上げることのできるものなのだ。時間もかからない。お金もかからない。原稿用紙と鉛筆、あるいはワープロやパソコンがあれば、簡単に自分の世界が作れる。自分だけの秘密の世界、自由で楽しく、不思議な世界が作れる。今まで、他人の作った疑似現実を見るだけだったのだが、文章を書くことによって、現実を自分の力で作れる。しかも、遊びの要素を入れることで、これまでの「ありのままに書け」という道徳的、教育的な作文から離れて、楽しみながら自分を作れる。

楽しみながら文章を書くことによって、ふだん、表に出せない埋もれた感覚、埋もれた意見を表明することができる。ふだんは抑えられている自己を表現することができる。言い換えれば、抑圧を発散することができる。そうすることで、これまでの自分に閉じこもるのでなく、もっと違った自分、もっと拡大された自分を味わうことができる。精神のバランスもとれる。

そうなれば、子どもたちも、キレたり、むかついたりすることがなくなるだろう。健全に他者との関係を築けるだろう。大人たちもブランド品にうつつを抜かすこともなくなるだろう。しかも、他人の文章を読んだり、批評したりすることによって、多様な価値観や様々な人間の考え方、感じ方を知ることもできるようになる。そうすることで、子どもたちはいじめたいという欲求がどれほど馬鹿げているかを理解できるだろう。ブランド依存から逃れられるだろう。時には、そのような衝動に駆られる自分を客観的に見ることもできるようになる。

■「ゆとり教育」を作文教育で

私は、現在の状況を改善するために、もっと多くの人に文章を書くことを実践してほしいと思う。そして、その第一歩として、小・中学校での作文・小論文教育を推し進めることを提唱したい。

八〇年代から、文部省は「新しい学力観」、すなわち「ゆとり教育」を進めてきた。「一人一人の学習意欲を重視して、これまでのような押しつけ教育ではなく、個性を生かし、ゆとりを重視した教育をしよう」というのが、この考え方だ。これまでの画一的な集団教育を反省し、一律的な価値観で競争する受験戦争をなくして、一人一人に興味を持たせるような教育をしようとしている。そして、勉強のできる順番をつけるのではなく、それぞれがどれほど自分の能力に見合った努力をしたかということで評価をしようとする。これは、おそらく受験戦争の激化とそれへの反抗という形をとった校内暴力を反省した結果、受験戦争を緩和させ、受験で押しつぶされそうになっている子どもたちを救おうという意志の表れだっただろう。

この理念に、私は文句をつけるつもりはない。これまで、日本国民は受験競争をしすぎた。一律的な知識を詰め込み、暗記を強要し、思索力や個性を抑圧してきた。もっとゆとりを持ち、独創性を重視するべきではある。そうしてこそ、独創性、思索力、分析力が養成される。

しかし、文部省は、競争をなくし、生徒の負担を減らそうとするあまり、だんだんと学習内容をやさしくし、ついには、中学校では円周率を3とし、教科書から「ルネサンス」を消している。この現在の状況には、反対せざるをえない。

学習内容を減らし、負担を減らせば、すべての生徒たちが勉強意欲を持つと、文部省は考えているようだが、そんなものではない。負担を減らしても、不勉強な生徒は勉強しない。逆に減らせば減らすほど、不勉強な生徒、学力のない生徒が増えていくだけだ。

いや、それよりも問題なのは、本来「個性重視・自主性尊重」だったはずの「新しい学力観」、すなわち「ゆとり教育」が、むしろ「個性抑圧」になってしまっていることだ。

「ゆとり教育」は、先ほど述べたとおり「競争するのではなく、一人一人の個性を尊重しよう。運動ができなくても、努力したのなら評価するべきだ」という考えを強調する。そうすると、「競争否定」の傾向が強まる。だから、運動会で手をつないでゴールする、といったことが起こる。跳び箱を無理に飛ぶ必要はない、自分にあった高さを飛べばよい、とされる。能力差は見えなくされ、みんなが同じ能力とされる。

そうなると、むしろ、個性を抑圧することになってしまう。運動能力のある子は、体育の時間に、個性＝能力を発揮して目立ちたいと思っている。算数のできる子は、算数の時間に目立ちたいと思っている。ところが、それができない。「皆同じ」という平等主義が広まる。すべてにおいて、生徒間で差をつけることがタブーとなる。こうして、能力というものを個性として認めないために、「個性重視」のために出発した「ゆとり教育」が、今では逆に「個性抑圧」になっている。

そして、学校が競争を否定し、子どもたちに勉強させせなくなったために、親たちは、公教育に絶望して、ますます子どもを塾に行かせるようになり、私立中学、私立高校を目指すようになっている。競争否定が、むしろ新たな競争を生み出す結果になっている。それどころか、

「ゆとり教育」は、国民全体の学力低下、つまりは技術・文化の低下＝国力低下を引き起している。

私は、「ゆとり教育」の本来の理念を尊重するのであれば、もっと別の方法を考えるべきだと考える。たとえば、教師対生徒という一方的な授業形態を見直し、一律的な思考や判断を押しつける教育を改めて、ゼミ形式を採り入れるべきだろう。また、入試制度も大幅に変革するべきだろう。個性重視、独創性重視と、現在の点数化による「公平で平等な入試制度」は明らかに矛盾する。そうした制度面を改める必要がある。

そして、もう一つ提唱したいのが、文章教育だ。

個性重視・自主性尊重をうたうのなら、一つの「正解」を要求し、出題者と意見が合わなければ点を取れない現在の国語の試験を廃止するべきだろう。いや、廃止しないまでも、少なくとも、小論文や作文をもっと重視して、一つの「正解」を求めない入試をふやすべきなのだ。

文章を書くことによって、子どもたちは思索力を手に入れる。個性を、自主性を、独創性を、分析力を身につける。一律ではない、多様な価値観、多様な考え方が身につく。そして、自己表現が豊かになり、自分のアイデンティティを取り戻すだろう。現在、問題になっている様々なことがらの解決へ一歩踏み出すことになるだろう。

もちろん、文章教育を軌道に乗せることは難しい。子どもたちに文章を書く楽しみを教えることも、決してやさしいことではない。が、文部省や学校が、もっと文章を重視することによって、「ゆとり教育」は理念にふさわしい形になると考えるのだ。

そして、それが実現することによって、もっと日本全体に文章を書くという行為が広がり、新しい知が始まると思うのだ。

あとがき

文章の奥は深い。私は一冊を通じて、文章の書き方の基本を説明した。私に説明できるのは、ここまでだ。本書は、実は、文章という大山脈への道のほんの入口を書いたものにすぎない。果てには、『源氏物語』『カラマーゾフの兄弟』『失われたときを求めて』など巨大な尾根が待ち受けている。

もちろん、私には、そうした尾根にまでは入り込む能力も気力もない。だが、ぜひとも、本書を読んだ若者に、もっと先を開拓してほしい。本書を越えて、先へ先へと進んでほしい。本書は、読者に踏みつけにされるための一冊にほかならないのだから。

「文は人なり」「ありのままに書け」という従来の指導では、大きな尾根にまでたどり着くことはできないと、私は思う。空想力を羽ばたかせ、言葉の世界を開拓してこそ、大きな尾根に挑むことができるのだ。

最後に、別の形で、「文は人なり」という常識の誤りについて指摘しておこう。

本書を読んだ方は、おそらく私のことを、戦略的で合理的でテキパキした如才のない人間と判断しておられるだろう。論理至上主義者で、自信たっぷりで、頭の回転が速い、そう思っておられる方もいるかもしれない。時々、参考書の読者にそのように思われて、とまどうことがある。

もちろん、きっとそのような面もあるのだろう。だからこそ、このような本を書き、このような指導をしているのだろう。

が、何を隠そう、私の頭の回転は速くない。まったくテキパキしていない。優柔不断で怠惰で内向的。実務は何をしてもヘマばかりで、芸術の世界で遊ぶのが好きな人間だ。あの神秘的で謎めいて曖昧模糊としたワーグナーの楽劇の世界に浸るのが大好き。文学も非論理的でハチャメチャなものが好きだ。合理精神を徹底的に解体したソニー・ラブ＝タンシというコンゴの作家に夢中で、最近も彼の遺作『苦悩の始まり』（新評論・共訳）を訳した。私を昔から知る友人たちは、むしろ私がこのような小論文指導をし、本書のような戦略的な本を書くことに驚いている。

本書は、内向的でテキパキしない私の一世一代の自己演出なのだ。いや、本書ばかりではない。そして、もちろん私ばかりではない。ほとんどの文章は、多様な自分のなかの一部を拡大し、自己演出したものなのだ。それこそが、ものを書くということの意味であり、その楽しみだと私は思っている。

最後に、私にこの自己演出の場を与えてくださった年下の友、井上佳世さん、そして、温かい励ましと、数々の的確かつ厳しいアドバイスをいただいた新書編集部の池田千春さんに、この場を借りて感謝の言葉を述べたい。お二人の力強い支えがあってこそ、この書は実現したことをつけ加えておく。

なお、小論文の模範解答などの情報をホームページで公開している。アドレスは、

http://homepage2.nifty.com/higuchi/

樋口裕一

二〇〇〇年秋

樋口裕一（ひぐち ゆういち）

一九五一年大分県生まれ。早稲田大学第一文学部卒業後、立教大学大学院博士課程修了。フランス文学、アフリカ文学の翻訳家として活動するかたわら、小論文の指導に携わり、独自の小論文指導法を確立。「小論文の神様」と呼ばれる。小論文指導ゼミナール「白藍塾」主宰、東進ハイスクールでも指導にあたる。著書に『ぶっつけ小論文』『予備校はなぜおもしろい』ほか、訳書にソニー・ラブ＝タンシ『一つ半の生命』、エイモス・チュツオーラ『妖怪の森の狩人』、ジョルジュ・バタイユ『エロスの涙』など多数。

ホンモノの文章力《ぶんしょうりょく》

集英社新書〇〇五六E

二〇〇〇年一〇月二二日 第 一 刷発行
二〇〇四年 九 月一五日 第一五刷発行

著者……樋口裕一《ひぐちゆういち》
発行者……谷山尚義
発行所……株式会社集英社
東京都千代田区一ツ橋二-五-一〇 郵便番号一〇一-八〇五〇
電話 〇三-三二三〇-六三九一（編集部）
〇三-三二三〇-六三九三（販売部）
〇三-三二三〇-六〇八〇（制作部）

装幀……原 研哉
印刷所……凸版印刷株式会社
製本所……加藤製本株式会社

定価はカバーに表示してあります。

ISBN 4-08-720056-6 C0295

Printed in Japan

a pilot of wisdom

TVメディアの興亡
辛坊治郎　0026-B
地上波、CATV、デジタルテレビなど米テレビ最前線を平易に解説。日本のメディアの未来を探る。

スキャンダルの時代
海野　弘　0027-B
有名人を巡り過熱する報道に人はなぜ魅せられる？　スキャンダルをキーワードに20世紀を読み解く。

疾走する女性歌人
篠　弘　0028-F
『サラダ記念日』『乳房喪失』など、多彩な「女歌」半世紀の歩みを辿る、初の現代女性歌人列伝。

「学ぶ」から「使う」外国語へ
関口一郎　0029-E
どうすれば語学は身につく？　「リラックスして楽しく」がポイントの、ユニークな学習法を紹介。

手術室の中へ
弓削孟文　0030-I
手術の進行役である麻酔科医が、患者の心構え、注意点から手術の実際までを初めて明らかにする。

カメラの前のモノローグ
埴谷雄高・猪熊弦一郎・武満徹
マリオ・A　0031-F
20世紀日本を代表する巨匠を外国人写真作家がロングインタビュー。創造の源泉を語る貴重な記録。

新・シングルライフ
海老坂　武　0032-C
今や四世帯に一つは単身所帯。シングルライフはもはや他人事ではない。人生を自由に楽しむヒント。

ニュース英語がわかる本
北畠　霞　0033-E
大統領を始めアメリカ政治を読み解く50のキーワードを、楽しいエピソードとともに解説。

日本人の魂の原郷　沖縄久高島
比嘉康雄　0034-D
琉球王朝以前の古代人の心を今に伝える祭祀の島・久高。その25年にわたる貴重な記録。写真多数。

武蔵野ものがたり
三浦朱門　0035-F
変わりゆく武蔵野。個性豊かな地元の人々との友情を通して、著者の心の故郷・武蔵野の魅力を綴る。

沖縄の旅・アブチラガマと轟の壕
石原昌家　0036-D

戦後長く裁かれずにおかれた「犯罪」。25年に及ぶ聞き取り調査で明らかになった洞窟の中の地獄。

聖地の想像力
植島啓司　0037-C

エルサレムやメッカ、古代の神殿など世界各地の聖地を巡って展開する、知的刺激に満ちた聖地論。

鬼と鹿と宮沢賢治
門屋光昭　0038-D

「鹿踊り」など岩手に伝わる民俗芸能を賢治はいかに昇華させたか。物語世界を読み解く新しい試み。

往生の物語
林　望　0039-C

清盛の地獄の死。知盛の勇壮な死…。空前絶後の死の大文学『平家物語』に読む、往生際の在り方。

「健康」という病(やまい)
米山公啓　0040-I

薬は効いているか。スポーツはからだにいいか…。「健康」にしばられている現代人のための新しい健康論。

沖縄、基地なき島への道標
大田昌秀　0041-A

動かない政府、基地誘致に走る県や市…。米軍基地の存在の不当性を訴える、前県知事の痛切な問いかけ。

飢饉
菊池勇夫　0042-D

食料自給率40％の現代日本で食料輸入が断たれたら!?環境歴史学の視点から新たに読み直す飢饉の真実。

超少子化―危機に立つ日本社会
鈴木りえこ　0043-B

深刻に進む日本の少子化を多角的に分析し、その問題点や、すれ違う男女の価値観について考察する。

恐怖の黄金時代
南條竹則　0044-F

20世紀初頭の英国怪奇小説の巨匠4人を中心に、その創作の秘密を紹介。ホラーファン待望の好案内。

生きている江戸ことば
林えり子　0045-F

江戸人たちの暮らしを伝える江戸川柳。その巧みな表現に託されたユーモアとウィット、豊かさに触れる。